Unbequem aber Design

Die Ereignisse, die die Geschichte verändert haben

ISBN: 9798326538895

Autor:

Matteo Bianchi

matteobianchi.it

—

OVERTHESIGN Ausgaben

Inhaltsverzeichnis

Das Design, dieser Unbekannte

Wenn ein alltäglicher Gegenstand zu einem Meisterwerk des Designs wird, stellt sich eine grundlegende Frage: Was hebt ein einfaches Werkzeug zur Ikone des Designs? Ein gutes Beispiel, das diese Transformation leicht verständlich macht, ist das Taschenmesser eines Fischers. Dieses Werkzeug verkörpert die Essenz des wahren Designs, wenn es in Funktionalität herausragt, die Bedürfnisse des Benutzers vollständig erfüllt und eine Innovation einführt, auch wenn sie minimal ist, die es von seinen Vorgängern unterscheidet.

Authentisches Design ist Synonym für Funktionalität und Innovation, unverzichtbare Qualitäten, die, begleitet von Schönheit, das Objekt weiter bereichern. Es ist jedoch wichtig anzuerkennen, dass für einen Fischer, der keine Eleganz am Flussufer sucht, die Priorität ein praktisches und funktionales Werkzeug ist, anstatt ästhetisch ansprechend zu sein. In diesem Kontext ist Schönheit, obwohl geschätzt, kein unerlässliches Merkmal.

Das ist alles, nicht mehr und nicht weniger.

Zur Bestätigung dessen sagte Bruno Munari, ein großer Designer des letzten Jahrhunderts:

"Design hat nichts mit Schönheit, Luxus oder Mode zu tun; ein Objekt des Designs ist ein schönes Produkt, das funktioniert."

Das Wort "Design" hat lateinische Wurzeln, die hauptsächlich vom lateinischen Verb "de-signare" stammen, das aus zwei Teilen besteht: "de", was "von" oder "weg von" bedeutet, und "signare", was "markieren" oder "anzeigen" bedeutet. Zusammen bedeutete "designare" "anzeigen", "markieren" oder "mit einem Zeichen zeigen".

Wie wir das Wort "Design" kennen, ist es ein englisches Wort, das, vereinfacht übersetzt, jedoch ohne den Begriff zu verraten, mit dem italienischen Begriff "progetto" übersetzt werden kann. Das Wort "progettare" wiederum leitet sich vom lateinischen "proiectare" ab, was "vorauswerfen" bedeutet; es ist also nicht abwegig zu behaupten, dass Design "über etwas hinausgehen" bedeutet, "eine Grenze überschreiten", genau wie wenn man eine Einschränkung überschreitet, die dadurch nicht mehr existiert.

Im Allgemeinen wird angenommen, dass Design das Studium der Form eines Objekts ist, das "Styling", und es ist ebenso üblich zu denken, dass der Designer eine Art Künstler ist, ein Schöpfer ästhetisch "cooler" und oft teurer Objekte, aber diese Art von Arbeit befasst sich nicht nur mit der Struktur einer Hülle: Design ist eine Verbindung von Technik, kognitiver Wissenschaft, sozialer, expressiver Fähigkeit, Technologie und eleganter Form, um etwas zu produzieren, das zuvor nicht existierte.

Daher können wir sagen, dass die Figur, die dem Designer am nächsten kommt, die des Erfinders ist. "Es ist jedoch notwendig, etwas Ordnung auf dem

Gebiet dieser Disziplin zu schaffen, denn es ist kein leicht abgrenzbares Terrain: Ein Objekt, bei dem die ästhetische Komponente die funktionale überwiegt, ist kein Designobjekt, sondern einfach ein nicht sehr effektives (oder gar nicht) Objekt; hingegen, wenn die Funktion die Ästhetik opfert, fällt das betreffende Objekt eher in die Kategorie der ingenieurtechnischen Objekte als in die des Designs.

Wenn ein Objekt noch schlimmer weder Funktionalität noch ästhetische Merkmale aufweist, stehen wir einfach vor etwas, das die Definition eines "schlechten Produkts" verdient, das die Bedürfnisse der Benutzer nicht erfüllt oder Probleme mit Qualität, Benutzerfreundlichkeit oder Sicherheit hat.

Daher können wir sagen, dass Designobjekte daran erkennbar sind, dass sie durch gut ausgewogene Aspekte gekennzeichnet sind, die Innovation, Funktionalität und Form (Schönheit) umfassen, die heutzutage eine äußerst wichtige Rolle spielt. Enzo Mari sagte, dass "die Form ausgezeichnet ist, wenn es keine Alternativen gibt...", das heißt, wenn die Perfektion erreicht ist." Aber zu verstehen, ob das Objekt vor uns diese genannten Komponenten erfüllt, ist keine so einfache Aufgabe. Ein echtes Designobjekt kann "unauffällig" sein: Normalerweise bemerken wir häufiger hässliche oder schlecht konzipierte Objekte als vollständig gelungene. Um einen Vergleich zu wagen, ist das Designobjekt ein wenig wie die Klimaanlage in einem geschlossenen Raum: Wir bemerken ihre Anwesenheit oder Abwesenheit nur, wenn es zu heiß ist, zu kalt ist, sie zu laut ist oder auf den Boden tropft. Wenn die Klimatisierung eines Raumes perfekt ist, gibt es keinen Grund, es zu bemerken. Es ist also genau die Verwendung, die es uns ermöglicht, die wahre Natur des Objekts zu erkennen; es ist nur durch die Nutzung, dass wir erkennen, dass wir nicht ohne es auskommen können oder dass wir es nicht von uns lassen können; denn es lässt uns irgendwie besser fühlen.

Im Allgemeinen arbeiten Designer daran, die Benutzererfahrung mit einem Produkt zu verbessern, indem sie ästhetische und funktionale Lösungen schaffen, die die Bedürfnisse der Benutzer erfüllen und gleichzeitig die Anforderungen des Auftraggebers respektieren. Vielleicht ist es aufgrund dieser so vielschichtigen und zusammengesetzten Natur, dass das Design auch etwas Unvermeidlich-Künstlerisches besitzt, aber die Trennung zwischen Kunst und Design ist klar, einfach ausgedrückt können wir sagen, dass der Designer ein Produkt schaffen muss, das nützlich, funktional und für möglichst viele Menschen ansprechend ist, während sich der Künstler nicht allzu sehr darum kümmern muss, den Menschen zu gefallen; er spricht von sich selbst und seiner Wahrnehmung des Universums. Letztendlich bedeutet das Schaffen von Designobjekten, die Welt um uns herum zu verbessern, indem eine Beziehung zwischen Produkt und Person hergestellt wird, die es verwenden wird, um ein reales Problem zu lösen. Aber nur eine großartige Intuition zu haben, reicht nicht aus. Wenn wir darüber nachdenken, werden wir sicherlich feststellen, dass wir alle mindestens einmal im Leben eine gute Idee hatten, aber in den meisten Fällen wurde diese Idee nicht umgesetzt, weil wir einfach nicht wussten, wie wir sie realisieren sollten. Dies gilt insbesondere im Bereich des Designs: Die Fertigstellung eines Objekts ist ein langer und komplexer Prozess, bei dem man sich zwischen technischen und stilistischen Herausforderungen sowie den Bedürfnissen des Auftraggebers und denen des Käufers behaupten muss. Wie realisiert ein Designer all das? Mit technischen Fähigkeiten, Kreativität und Beobachtungsgabe. Die ersten erlernt man in der Schule, die zweite ist zum Teil angeboren und zum Teil durch vielfältige Erfahrungen im Feld geschult, und schließlich bedarf es einer großen Neugierde.

Tatsächlich beobachten die fähigsten Designer alles um sich herum, weil sie an Objekten interessiert sind, aber noch mehr an den Interaktionen dieser Objekte mit den Menschen, die sie verwenden werden; sie versuchen, ein Bedürfnis zu lösen und ein angenehmes Gefühl des "Benutzens dieses Dings" zu schaffen.

In ihnen vereinen sich der praktische Sinn des Erwachsenen und ein Blick, der der Welt der Kindheit gehört, ohne dass dies zu einem Konflikt oder Widerspruch führt.

Einige von ihnen haben es geschafft, unvergessliche Objekte zu schaffen, Objekte, die auch heute, Jahrzehnte später, ein Teil unseres täglichen Lebens sind. Um zu verstehen, wie sie es geschafft haben, müsste man, um die Worte von Newton zu paraphrasieren, "auf die Schultern von Riesen steigen", sich also so weit wie möglich dem genauen Moment nähern, in dem das betreffende Objekt geboren wurde, indem man es aus erster Hand vom Schöpfer lernt.

In diesem Buch werden also die Geschichten dieser Männer erzählt, die, obwohl sie zu Riesen geworden sind, nie aufgehört haben, Kinder zu sein.

Die Geschichten der Riesen

*"Das Ei hat eine perfekte Form,
obwohl es mit dem Hintern gemacht ist".*

Bruno Munari

In diesem unglaublichen Produkt hat jede Entscheidung eine praktische sowie ästhetische Funktion, nichts wird dem Zufall überlassen: Der achteckige Kessel für einen bequemen Griff auf nassen Oberflächen, der Griff und der Ausguss aus Bakelit, um hohen Temperaturen standzuhalten, das inspektierbare Ventil, der Filter und die Dichtung für eine einfache Abdichtung. Heute, fast 80 Jahre nach seiner Entstehung, ist sie praktisch unverändert geblieben.

"Renato, ich habe noch nie einen so guten Kaffee getrunken, Wort eines Milliardärs."

Ein qualitativ hochwertiges Produkt kann nur einen Teil des kommerziellen Erfolgs ausmachen. Der Rest hängt von einem visionären Unternehmer, angemessenen Investitionen, einer kommunikativen Marketingstrategie und einem effektiven Vertriebsnetz ab.

Die Moka Bialetti ist zweifellos das bedeutendste Symbol der italienischen Kaffeekultur. Tatsächlich besitzen 90% der italienischen Familien mindestens eine davon, und in vielen anderen Haushalten findet man sie in allen Größen.

Diese Geschichte begann 1919, als Alfonso Bialetti in Crusinallo eine Gießerei gründete, die seinen Namen trug. Aufgrund finanzieller Probleme musste er diese 1927 an seinen Schwiegervater Giovanni Alessi verkaufen, der auf deren Überresten die heute weltbekannte Haushaltswarenfirma gründete, die noch immer seinen Namen trägt. In den frühen dreißiger Jahren kam ihm eine geniale Idee, als er seine Frau beim Wäschewaschen beobachtete. Vielleicht wissen nicht alle, dass die Vorgängerin der Waschmaschine "Lisciveuse" genannt wurde.

Dabei handelte es sich um einen Behälter, in dessen Mitte ein Stahlrohr war, in das die Wäsche gelegt und von unten erhitzt wurde. Wenn das Wasser den Siedepunkt erreichte, stieg es durch das Rohr auf und verteilte das Waschmittel gleichmäßiger. Diese Technik inspirierte Alfonso Bialetti, der eine kreative Methode suchte, um die Zubereitung von Kaffee schneller und einfacher zu machen.

Anfang des 20. Jahrhunderts wurde Kaffee durch Perkolation zubereitet: zwei Löffel Kaffee pro Tasse wurden in kochendes Wasser gegeben und dann gefiltert. Dann kam die Napoletana, eine Art Kaffeekanne, die etwas gefährlich war, da sie umgedreht werden musste, sobald das Wasser zu kochen begann. Bialetti begann an seiner Idee zu arbeiten, und 1933 war die Kaffeekanne noch nicht die, die wir heute verwenden. Der Boden war etwas klobig, behielt aber die achteckige Form, die das Öffnen und Schließen der Kanne erleichterte, auch wenn die Hände etwas feucht waren. Der Griff und der Knauf waren aus Holz. Bialetti hatte in diesen Jahren die erste "Moka Express" mit einem kantigen Design geschaffen, dessen geometrische Linien an Art Déco erinnerten, obwohl die Form eigentlich durch das Muschelgussverfahren (eine Form aus zwei aufklappbaren Teilen, in die das geschmolzene Metall gegossen wird) und nicht aus stilistischen Gründen entstanden war.

Für das Material wählte Alfonso Aluminium, das zu dieser Zeit sehr in Mode war, das Metall war das Symbol der faschistischen Diktatur und bei futuristischen Künstlern sehr beliebt. Aus Aluminium werden Flugzeuge hergestellt, es ist schnell, unverwüstlich, robust, satiniert, farbig oder glänzend wie Silber. Für Alfonso war Aluminium perfekt, weil das im Wasser enthaltene Kalk im unteren Teil bleibt, während der obere Teil, in dem der Kaffee aufsteigt, im Laufe der Zeit einen intensiveren Geschmack annimmt. Aber das ist nicht ganz richtig...

Der Grund, warum die Moka nicht gewaschen werden sollte, ist, dass zwischen dem Rohr und dem Filter ein Raum ist, der nicht erreichbar ist und schmutzig werden könnte, wodurch Seifenreste in die kochende Mischung gelangen könnten. 1933 nahm Bialetti die Produktion seiner Moka wieder auf, die *"den Espresso wie in der Bar"* macht.

Man sollte bedenken, dass Kaffee bis dahin hauptsächlich in Bars zubereitet wurde, mit der Moka konnte man ihn bequem zu Hause zubereiten. Zwischen 1936 und 1940 verkaufte Alfonso etwa 50.000 Stück auf Märkten und Messen, aber das war wenig, das Produkt nahm nicht richtig Fahrt auf. Alfonso war im Grunde ein Techniker, der abends mit einer Zigarre im Mund über misslungene Stücke grübelte, er war kein effektiver Unternehmer. Der Erfolg kam dank seines Sohnes Renato, der nach dem Krieg aus einem Arbeitslager in Deutschland zurückkehrte und 1946 die Leitung des Unternehmens übernahm. Er entfernte die von seinem Vater angebrachten Schutzabdeckungen von den Maschinen und richtete eine neue Werkstatt ein, die 18.000 Kaffeekannen pro Tag und 4.000.000 pro Jahr produzieren konnte.

Es wird geschätzt, dass in 77 Jahren mehr als 300 Millionen Kaffeekannen produziert wurden. Renato kümmerte sich hauptsächlich um die Werbung für die Moka, große städtische Plakate und Artikel in Zeitschriften. Der Boom kam jedoch mit der Fernsehwerbung von Carosello. Er beschloss, in Werbung zu investieren, um den Umsatz zu steigern. Die Marke wurde dank des Testimonial "l'Omino con i Baffi", einer Karikatur von Renato mit erhobenem Finger, wie um einen Kaffee zu bestellen, bekannt. Dieses Markenzeichen ist noch heute auf den Original-Kaffeekannen zu finden. Renatos unternehmerische Fähigkeiten, die viel in Werbung und Kommunikation investierten, trugen Früchte. Die Verkaufszahlen stiegen und die berühmte Karikatur des Omino mit Schnurrbart und transformistischer Mund, der die Form der gesprochenen Buchstaben annimmt, prägte sich ins Gedächtnis der Italiener ein. *"Es scheint einfach... einen guten Kaffee zu machen"*, sagte er. 1986 verkaufte der ältere Renato das florierende Unternehmen (es machte 20 Milliarden Lire pro Jahr) an Faema. Er starb 2016 und wünschte sich, dass seine Asche in einer riesigen Moka gesammelt würde [2]. Es gibt jedoch eine Anekdote, die ich erzählen möchte. Renato erzählte in einem Interview eine wenig bekannte Episode, dass er beim Verkauf von dem griechischen Milliardär Aristoteles Onassis unterstützt wurde. Dies sind seine Worte aus dem Interview: *"Ich war im Hotel mit französi-*

[2] Beerdigung von Bialetti, die Asche des Unternehmers in einer Moka, auf Corriere.it.

schen Kunden, und die Kaffeekanne war für sie fast eine Neuheit. Sie waren skeptisch und ich wusste, dass sie den Auftrag nicht abschließen würden. In diesem Moment ging Aristoteles Onassis, der griechische Milliardär, an uns vorbei auf dem Weg zur Toilette. Ohne lange nachzudenken nahm ich meinen Mut zusammen und folgte ihm. Ich sagte: "Hallo Herr Onassis, ich bin ein junger italienischer Unternehmer, Sie haben wie ich von unten angefangen, helfen Sie mir. Wenn Sie zurück in die Lobby kommen, sagen Sie, dass Sie meine Kaffeekanne benutzen; ich brauche das, um Eindruck auf diese widerspenstigen französischen Kunden zu machen. Ich kehrte zurück, überzeugt und resigniert, dass Onassis einfach vorbeigehen würde. Stattdessen geschah das Wunder. Onassis, der so tat, als würde er mich im letzten Moment sehen, kehrte um, klopfte mir auf die Schulter und sagte: "Renato, wie geht es dir? Weißt du, ich habe noch nie einen so guten Kaffee wie den aus deiner Kaffeekanne getrunken."[3]
Es war ein unglaublicher Erfolg. Alfonso (der Vater) erfand sie, und Renato (der Sohn) machte sie weltweit bekannt. Ohne einen von beiden wäre die Moka heute wahrscheinlich nicht in unseren Häusern, weil Genialität ohne unternehmerische Vision nicht verkauft, und umgekehrt macht kommerzielle Stärke ohne ein innovatives und funktionales Produkt keinen Fortschritt. Ich schließe mit seinen Worten: *"Mit einer starken Werbekampagne. Damals, nach dem Krieg, war Werbung eine Neuheit. Der*

---

3 Artikel Entnommen aus einem Artikel der Zeitung "La Stampa". Renato Bialetti: "So tat Onassis, als ob er mein Kunde wäre."

Produktstart war dank Carosello und dem Omino mit Schnurrbart möglich, der meine Karikatur war, geschaffen von meinem guten Freund Paul Campani, dem Drehbuchautor, der Carosello erfand. Den Italienern gefiel es sehr. Und dann war der Kaffee wirklich gut, das sagte auch Onassis...".

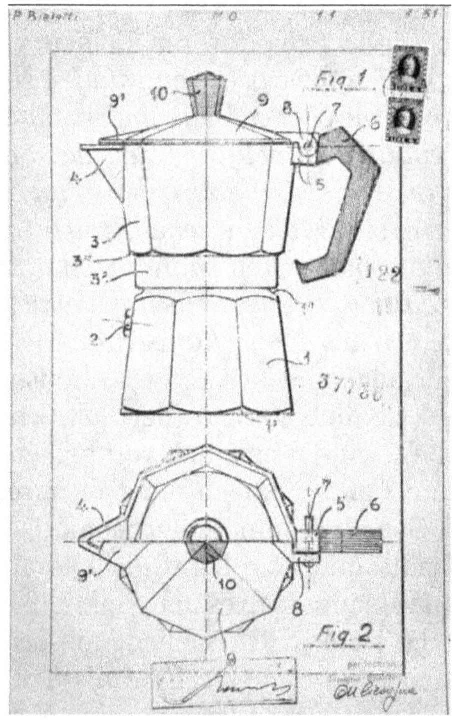

Patent Alfonso Bialetti Kaffeemaschine Moka Express 1933

Moka Express 1933

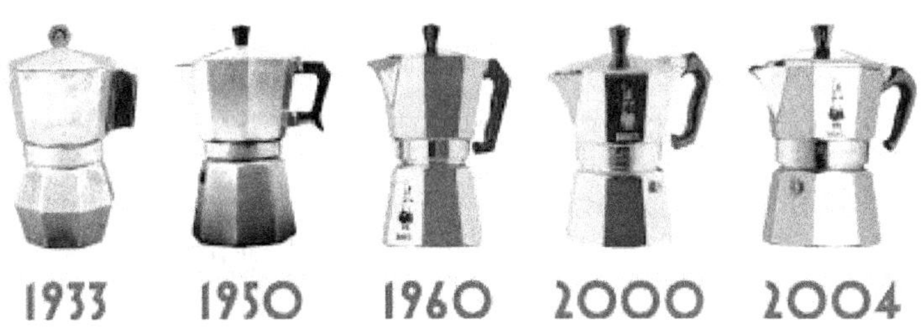

Tischchen "Lovet"
Ingvar Kamprad
IKEA 1956

LÖVET blieb bis 1962 im IKEA-Katalog. Im Jahr 2013 schlug der Produktentwickler Glenn Berndtsson Ingvar Kamprad vor, alte Dokumente von schönen Produkten zu untersuchen, denen neues Leben eingehaucht werden könnte. Es wurde beschlossen, mehrere klassische Möbelstücke aus den 1950er und '60er Jahren neu zu schaffen, einschließlich des ikonischen Tisches LÖVET.

Glenn sagte: *"Der Beistelltisch wurde so gestaltet, dass er genau wie das Original aussieht. Stelle die beiden nebeneinander, direkt aneinander, und es ist unmöglich, einen Unterschied zu erkennen."*

"Verdammt… wenn er jetzt nicht ins Auto steigt, breche ich ihm die Beine."

Die Geschichte zeigt uns, dass innovatives Design, wie die Idee von Möbeln, die leicht zu montieren und zu transportieren sind, eine Industrie revolutionieren kann. Design ist nicht nur Ästhetik, sondern auch Funktionalität und Effizienz, und diese Innovationen können die Art und Weise, wie wir leben und Objekte nutzen, verändern.

Ingvar Kamprad gründete mit nur 17 Jahren das Unternehmen, das wir alle als Ikea kennen, im Jahr 1943. Anfangs wurden kleine Artikel wie Stifte, Geldbörsen und Bilderrahmen verkauft, erst einige Jahre später begann er mit dem Versandhandel von Möbeln. Der Ort, an dem Ikea gegründet wurde, heißt Älmhult, eine kleine Stadt in einer abgelegenen Gegend Schwedens. Da es nicht einfach war, die Kunden in den großen Städten zu erreichen, entstand 1951 der erste Ikea-Katalog, ein ideales kommerzielles Mittel, das an alle potenziellen Kunden verschickt werden konnte.

Im Jahr 1953 stellte Ikea seinen vierten Mitarbeiter ein, Gillis Lundgren, der sich um das Unternehmensdesign und die Fotografie der Möbel kümmern sollte.

Es gibt eine kuriose Geschichte, die den Beistelltisch Lovet zum Protagonisten hat. Eines Tages, als er versuchte, den Tisch im Kofferraum des Autos zu verstauen, um ihn ins Fotostudio zu bringen, und es auf keine Weise gelang, den Tisch montiert hineinzubekommen, platzte er heraus: *"Jetzt säge ich dir die Beine ab und dann sieh zu, wie du da reinpasst, verdammt nochmal!"*.

Dann hielt er inne und dachte, dass es aus einer gewissen Perspektive viel praktischer wäre, die Beine abzusägen und sie einfach durch Entfernen von nur vier Schrauben abzumontieren.

Er setzte seine Idee in die Tat um und stellte fest, dass der Transport mit demontierten Möbeln viel bequemer war. Er beschränkte sich nicht auf eine einzige Überlegung, denn bald erkannte er, dass dieser Vorgang erhebliche wirtschaftliche Vorteile brachte. Das Möbelstück konnte in einem flachen Paket verpackt, einzeln in Karton und Schnur verpackt werden, was die kommerzielle Botschaft der damaligen Zeit war. Die Gründe für diese Wahl waren vielfältig: Die Montage durch den Kunden sparte viel Geld, außerdem kam das Möbelstück intakt an, ohne die Dellen, die oft bei Sendungen mit nicht demontierten Möbeln vorkamen.

Der Eigentümer von Ikea, Ingvar Kamprad, erkannte, dass in Zukunft die unternehmerische Ersparnis/Gewinn durch ein neues Konzept in Bezug auf Montage und Vertrieb des Produkts erzielt werden könnte. Dieser letzte Punkt war entscheidend für den Erfolg von Ikea.

Nach verschiedenen Überlegungen beschloss er, den Vorschlag seines vierten Mitarbeiters Lundgren zu übernehmen und beauftragte ihn mit der Gestaltung von Möbeln, die für den Versand geeignet und leicht zu montieren waren.

Lundgren, begeistert während des Mittagessens in der Kantine, sprach mit seinem Kollegen Billy Liljedahl, den er fragte, welches Möbelstück er zuerst entwerfen sollte, und Billy antwortete: "Ein richtiges Bücherregal".

Lundgren sagte damals: *"Ich habe die ersten Skizzen gleich dort auf einer Serviette gezeichnet. Das war oft unsere Arbeitsweise. Ideen sind vergänglich und du musst den Moment einfangen, sobald er kommt"*[4] So machte er sich sofort an die Arbeit und schuf das bis heute berühmteste Möbelstück in der Geschichte von Ikea, das Bücherregal 'Billy'."

Ingvar Kamprad vor seinem ersten IKEA-Geschäft in Stockholm im Jahr 1965.

[4] TAus einem Interview mit Gillis Lundgren, dem Designer des IKEA-Bücherregals 'Billy'(fonte web furniturehomewares.com)

Uhr "4755-Clock Ball"
Nelson, Harper, Noguchi, Fuller.
(möglicherweise...)
MILLER CLOCK CO. 1947

"Dieses Wanduhrmodell hat keine umlaufenden Zahlen auf dem Zifferblatt, sondern Kugeln, um die Stundenpositionen anzuzeigen. In seiner ersten Version hatte es ein Messingzentrum, von dem aus 12 gleich lange Messingstrahlen abgingen, an deren Enden bemalte Holzkugeln waren. Dieses Modell aus dem Jahr 1947 war die erste von über 130 Uhren, die von George Nelson Associates für die Howard Miller Clock Company entworfen wurden.

"Rück mal rüber…! Wie viel hast du getrunken??"

Multidisziplinarität ist oft der Schlüssel, um außergewöhnliche Ergebnisse in der Gesamtkonzeption eines Produkts zu erzielen. Die Verbindung von Kreativität, technischer Kompetenz und Ästhetik erweist sich als wesentlich für den Erfolg jedes Projekts.

In jedem beliebigen Projekt, wenn man 2 Designer, einen Ingenieur und einen Künstler zusammenbringt, ist das Ergebnis für alle unbekannt, sogar für sie selbst.

Die Wanduhr, die die Designgeschichte geprägt hat, verbirgt ein Geheimnis: Es ist nicht genau bekannt, wer sie entworfen hat.

George Nelson wird als einer der führenden Vertreter des amerikanischen Modernismus angesehen, von vielen als *"Der Schöpfer von Dingen, die nicht nur schön, sondern auch praktisch sind"* beschrieben, trug er mit seinem Genie dazu bei, das Produktdesign, das Grafikdesign und das Innendesign in seiner außergewöhnlichen fünfzigjährigen Karriere erfolgreich zu verändern.

Nelson war ein exzellenter Kreativer und erzählte in den Jahren von jenen Momenten der plötzlichen Inspiration, die er hatte, und die er *"kreative*

Zaps" nannte: *"Wenn du plötzlich entdeckst, dass du mit einer Realität verbunden bist, von der du nie geträumt hast, bist du so konzentriert auf die Idee, die dir in den Sinn gekommen ist, dass die Menschen in deiner Nähe denken, du hättest einen Schlaganfall..."*

Als Person von großem Talent gründete er 1947 sein Studio in New York, George Nelson Associates, und arbeitete die nächsten fünfundzwanzig Jahre mit seinem Kollegen Irving Harper zusammen, wobei sie Hunderte von Produkten entwarfen. Unter vielen Firmen arbeiteten sie für die Howard Miller Clock Company, für die sie zwischen 1949 und Mitte der achtziger Jahre über 130 Wanduhren entwarfen; darunter die erste, die berühmteste von allen, die Ball Clock (Modell 4755) war die erste Wanduhr der Welt ohne Zahlen.

1953, in einem Interview, erzählte Nelson die Geschichte, wie die Kugeluhr während einer langen und fröhlichen Nacht unter Freunden entstand. Nelson war noch im Büro zusammen mit Harper, als seine Freunde Isamu Noguchi, ein geschickter Bildhauer, und Richard Buckminster Fuller, der brillante Erfinder der geodätischen Kuppeln, vorbeikamen. Im Interview über die Entstehung der Wanduhr sagte Nelson:

"Ich erinnere mich, es war einer der unterhaltsamsten Abende. Ich war da, dann war Irving da, dann kamen Noguchi und Bucky Fuller dazu, und

dazu zwei Flaschen von dem guten Wein. Die Bleistifte kratzten über die Rolle des durchsichtigen Zeichenpapiers, begleitet von Lachen, Witzen und dem Knallen der Korken." Diese Männer waren auch gesellige gute Leute. Es wird gesagt, dass *"Bucky"* sogar von Harvard wegen seiner exzessiven Partys verwiesen wurde. Nelson fuhr fort: *"Noguchi, der seine Hände von nichts lassen kann, sah, dass wir an den Uhren arbeiteten und begann, Kritzeleien auf einem Blatt zu machen. Dann schob Bucky Isamu beiseite und sagte: ,Komm, mach Platz, so macht man eine Uhr...' und machte eine absolut absurde Kritzelei. Dann begannen alle, sich gegenseitig zur Seite zu schieben und Kritzeleien zu machen. Irgendwann gingen wir, wir waren alle müde und hatten definitiv ein wenig zu viel getrunken. Am nächsten Morgen kamen wir zurück, und da war der Entwurf der ,Clock Ball' auf dem Blatt auf dem Tisch... Irving und ich sahen es uns an, und irgendwo auf diesem Blatt war eine Kugeluhr gezeichnet. Noch heute weiß ich nicht, wer sie entworfen hat..."* 5

In seinem Buch mit dem Titel *"The Design of Modern Design,"* Nelson betont, dass das Projekt unverkennbar die Merkmale von Harpers Strich, Noguchis Fantasie und Fullers ingenieurwissenschaftliche Fähigkeiten trägt, und nur über eine Sache ist er sich sicher: dass er es nicht war, der es tat, diese Nacht hatte jemand anderes einen zeitgemäßen *"kreativen Zap"* (und vielleicht auch ein wenig alkoholisch).

5 Die Aussage von George Nelson stammt aus einem Interview, das von Ralph Caplan im Januar 1981 geführt wurde.

In diesem besonderen Objekt hatte Nelson die Genialität zu beobachten, wie die Menschen Uhren benutzten, und kam zu dem Schluss, dass diese die Zeit durch die jeweilige Position der Zeiger ablasen: Diese Erkenntnis machte die Verwendung von Zahlen überflüssig. Darüber hinaus, in Betracht. ziehend, dass die meisten Menschen üblicherweise Armbanduhren trugen, nahm er an, dass Wanduhren, gemessen an den Zeiten, zu einem dekorativen Element der Einrichtung geworden waren.

Eine große Einsicht für ein großes Projekt. In diesem besonderen Objekt hatte Nelson die Genialität zu beobachten, wie die Menschen Uhren benutzten, und kam zu dem Schluss, dass diese die Zeit durch die jeweilige Position der Zeiger ablasen: Diese Erkenntnis machte die Verwendung von Zahlen überflüssig. Darüber hinaus, in Betracht ziehend, dass die meisten Menschen üblicherweise Armbanduhren trugen, nahm er an, dass Wanduhren, gemessen an den Zeiten, zu einem dekorativen Element der Einrichtung geworden waren.

Eine große Einsicht für ein großes Projekt.

George Nelson und Irving Harper im
Studio. (Eigentum von Vitra)

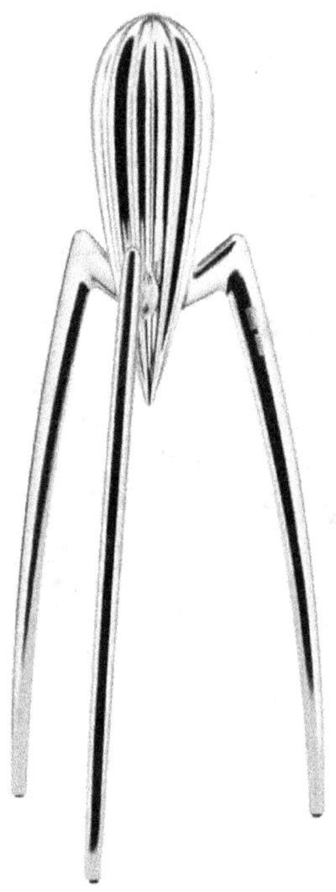

Ein Saftpresse aus einem einzigen Stück poliertem Aluminium. Die Form erinnert an einen Tintenfisch mit einem Körper und 3 Tentakeln. Die deklarierte Innovation ist das vollständige Fehlen eines Behälters, stattdessen wird ein

"Entschuldigen Sie, wo kann ich die Kerne ausspucken?"

"Durch einige innovative Projekte werden wir eingeladen, das traditionelle Konzept der Funktionalität zu überdenken und zu entdecken, wie ein Objekt eine Rolle über den täglichen Gebrauch hinaus einnehmen kann, indem es sich in ein Symbol für Innovation verwandelt, das eine gesunde kritische Diskussion über die Welt des Designs anregt.

Die besten Ideen entstehen immer aus einem Bedürfnis, einem Bedarf, der Kreativität stimuliert.

Wir befinden uns in den 80er Jahren an einem heißen Sommertag, sitzend an einem Tisch im Restaurant Il Corsaro auf der Insel Capraia, sitzt ein Mann in Erwartung, sich an den kleinen Tintenfischen in Sauce zu erfreuen, die er bestellt hatte. Es handelt sich nicht um irgendeinen Mann, sondern um Philippe Starck, ein wahres Genie des zeitgenössischen Designs. Als ihm das Gericht serviert wird, bemerkt er das Fehlen der Zitrone und beginnt während des Wartens, über eine geniale Idee nachzudenken, die den Zitrussaft als Hauptthema hatte.

Wie oft bei Geschichten, die von Geniestreichen erzählen, stammt auch die des Saftpressers aus einem Bedürfnis. Während er noch am Tisch saß, begann der

Designer, einige Skizzen auf dem Papiertischset unter dem Teller mit kleinen Tintenfischen zu machen. Die Kritzelei ähnelte einer Art Weichtier mit Tentakeln. Einige Monate später landete auf dem Schreibtisch von Alberto Alessi (Inhaber von Alessi, einem bekannten Haushaltswarenhersteller) ein Umschlag, in dem sich eine Kopie des Papiertischsets befand, auf dem der Designer seine Skizze gemacht hatte. Die Zeichnung zeigte die Form dessen, was später der Saftpresse Juicy Salif werden sollte. Alberto Alessi erkannte dessen Ausdruckskraft und entschied sich kurz darauf, ihn in Produktion zu geben, die bis heute nie eingestellt wurde.

Alberto Alessi, befragt über den Saftpresse, sagte, dass er ihn nicht nur für das kontroverseste Objekt des 20. Jahrhunderts hält, sondern ihn auch als eines der witzigsten, sympathischsten, intelligentesten und ich wage zu sagen provokativsten Objekte des gesamten Alessi-Katalogs betrachtet.

Dieses Objekt hat die Meinungen vieler Designer geteilt, manche halten es für ein Beispiel, bei dem die Form über die Funktionalität gestellt wird, und andere behaupten mit ziemlicher Sicherheit, dass es nicht so gut funktioniert, da die Kerne beim Auspressen keinen Auffangpunkt haben und im Glas landen, was eine zweite Verarbeitung erfordert, um einen reinen Saft zu erhalten.

In Bezug auf das Design kann man sich fragen, ob es dem Begriff nahekommt? Es kann sicherlich als ein Skulpturobjekt für seine originellen Linien und den

Unterschied zu allen anderen als "klassisch" definierten Saftpressern bezeichnet werden.

Dieses Objekt ist ein wenig das beste Emblem jener flüchtigen Grenze zwischen Kunst und Design, die das Design manchmal durchläuft. Juicy Salif steht für "das unbequeme Objekt" schlechthin, das dennoch verwendet wird, auch auf Kosten seiner eigenen Funktionalität.

Es ist nicht das einzige, es gibt viele, die unsere Häuser bevölkern, vielleicht in Erwartung der schicksalhaften Frage: "Schön, aber was ist es?"

Philippe Starck hat einen eleganten Ausweg gefunden, indem er sagt, dass Juicy Salif KEIN klassischer Saftpresse ist, sondern eher ein unkonventionelles "Gesprächsstück", das Umberto Eco wieder aufgreift: "Dieser kühne Saftpresse ist ein wenig verschwendet, weil sein Platz nicht die Küche, sondern das Wohnzimmer ist, wo er die Blicke der Gäste auf sich ziehen kann."

In diesem Fall tritt die Funktion des Objekts in den Hintergrund und verdoppelt sich, wenn man einen klassischen Saftpresse möchte, entspricht er nicht der idealen Wahl, aber wenn man andererseits ein Objekt mit einer ausgeprägten dekorativen Funktion möchte, das die Möglichkeit bietet, eine unterhaltsame Unterhaltung zu führen, ist Juicy perfekt.

Kleiderständer "Cactus"
Guido Drocco-Franco Mello
GUFRAM 1972

Dieser monumentale Kleiderständer ist aus weichem Polyurethan gefertigt und jedes Stück ist einzigartig, da seine
2165 Erhebungen von Hand nachbearbeitet werden. Um die
Oberfläche widerstandsfähig und elastisch zu machen, wird
sie mit mehreren Schichten einer besonderen Farbe, dem
Guflac®, lackiert, einem Geheimrezept von Gufram, das es
über die Zeit schützt.

" Guidoooooo, mach das Fenster zu, wir sind nicht auf Hawaii!!!

Ideen entstehen aus einer breiten Palette von Quellen, die von der Natur und Kunst bis hin zu alltäglichen Ereignissen reichen. Oftmals entsteht eine innovative Idee aus der sorgfältigen Beobachtung der Welt um uns herum, geleitet vom Willen, menschliche Erfahrungen durch Objekte zu verbessern, die Nützlichkeit und Schönheit vereinen. Oft kann Inspiration auf unerwartete Weisen auftreten, was zu Designs führt, die unsere Art und Weise, mit dem Raum und den alltäglichen Gegenständen zu interagieren, verwandeln.

Gufram ist ein Möbelunternehmen, das 1957 von den Brüdern Gugliermetto gegründet wurde und ist vor allem für seinen Einfluss im Bereich des Industriedesigns bekannt, aber auch dafür, dass es aktiv zur Revolutionierung der Möbelesthetik seit den 1960er Jahren beigetragen hat. In der Welt wird ihm das Verdienst zugeschrieben, in gewisser Weise die Grenzen des Industriedesigns verschoben zu haben.

Mit seinem Geist des Radical Designs, den ästhetischen, technologischen und materialbezogenen Experimenten (siehe später in der Geschichte des Designs), ist es Gufram gelungen, Sitzmöbel und Einrichtungsgegenstände zu entwerfen und herzustellen, die voll und ganz in das kollektive Imaginäre eingegangen sind. Sie könnten als subversive Produkte und gleichzeitig als Entweihungen der Pop-Seele beschrieben werden, konzipiert und gewollt als Elemente des Anti-Designs. Das Unternehmen, das im industriellen Gewebe der Stadt Turin entstanden ist, präsentiert sich dem klassischen Handwerk, indem es geschickt die internationalen künstlerischen Avantgarden vereint und so seit 1966 echte Designikonen produziert, die ihre Form durch eine Vermischung des industriellen und handwerklichen Planungsansatzes und der in der Kunst selbst innewohnenden Kreativität erhalten haben. Kreationen, die von vielen als häusliche Skulpturen beschrieben werden, fähig, die Welt der Kunst mit der des Designs zu verbinden, wie das berühmte Sofa Bocca, die Chaiselongue Pratone, wo die riesigen Blütenblätter es uns ermöglichen, das zu erleben, was eine kleine Ameise fühlt, und schließlich der Kleiderständer Cactus, Objekte, die Teil der Einrichtung vieler Häuser sind oder mit Lob in die berühmtesten Museen eingegangen sind dank ihrer Schönheit gepaart mit Originalität.

Der Kleiderständer Cactus von Gufram wurde 1972 von Guido Drocco in Zusammenarbeit mit Franco Mello entworfen. Dieses Objekt hat viele einzigartige Merkmale, vor allem handelt es sich um ein lebhaftes und ziemlich originelles Projekt, das in vollem Umfang das kreative Klima der 70er Jahre repräsentiert.

Gufram, in der vollen Neulektüre von Pop-Ikonen, färbt ihn grün und stellt ihn in Maßstab für Innenräume her.

Die Landschaft von Cactus ist eine respektlose, spielerische, ironische und radikale Landschaft. Drocco und Mello arbeiten an einem menschengroßen, weichen und vierarmigen Kaktus: ein Kleiderständer, der zu einem fröhlichen "häuslichen Charakter" wird, fast wie ein Freund, der zu Hause auf unsere Rückkehr wartet und uns ein Lächeln entlockt. Drocco erzählt, dass diese Geschichte mit der Gufram der Gugliermettos beginnt. Tatsächlich sind sie die wahren Protagonisten des italienischen Radical Designs und dank der Zusammenarbeit mit den Avantgarden aus Turin haben sie es geschafft, Kreationen mit respektlosem, provokativem und völlig spielerischem Design zum Leben zu erwecken.

Dies sind ihre Worte aus einem Interview, das 2021 von Francesca Bolino von der Repubblica geführt wurde: "Für uns bedeutete damals "Design" das Entwerfen von Objekten, die aus echten Bedürfnissen entstanden sind. Und das ist die Geschichte von Cactus. Es war der Winter von '71. Ich wohnte noch in der kleinen Wohnung in der Via Sacchi in Turin. Draußen war es sehr kalt, es war einer dieser trüben Tage: Eine dichte Nebeldecke hüllte ganz Turin ein, ich schaute aus dem Fenster und alles war grau. Und in diesem Moment wünschte ich mir, zu entfliehen, ich träumte von exotischen Landschaften... ich dachte an ein Objekt, das warme, sonnendurchflutete Länder evozierte. Auf einem weißen Blatt zeichnete ich die ersten Skizzen, aber das Projekt kam auch dank der Hilfe von Franco Mello und den Vorschlägen des Künstlers und Freundes Piero Gilardi zustande. In einem Baumarkt sahen wir eine schallabsorbierende Schaumstoffplatte voller Erhebungen, die genau das äußere Aussehen wiedergab, das ich für den Kaktus suchte. Es war Giuseppe Gugliermetto mit Gufram, der daran glaubte, und von dort begannen die langen Versuche mit verschiedenen Materialien, dann kam das Problem der Veredelung, das mit dem robusten "Guflac"-Überzug gelöst wurde, der Stolz der Brüder Gugliermetto. So begann die Geschichte dieses wichtigen Wohnobjekts. Es entstand zufällig, ich wollte nur Kontakt zur Natur und zur Sonne, gerade weil ich in einem grauen Tag in einem Zimmer eingeschlossen war. Neugierde: Schlechte Nachrichten für Liebhaber von Vintage-Designobjekten, das ‚originale' smaragdgrüne Modell wird nicht mehr produziert.

Franco Drocco e Guido Mello

Zuckerdose "Modello n. 247"
Christopher Dresser
ELKINGTON 1885

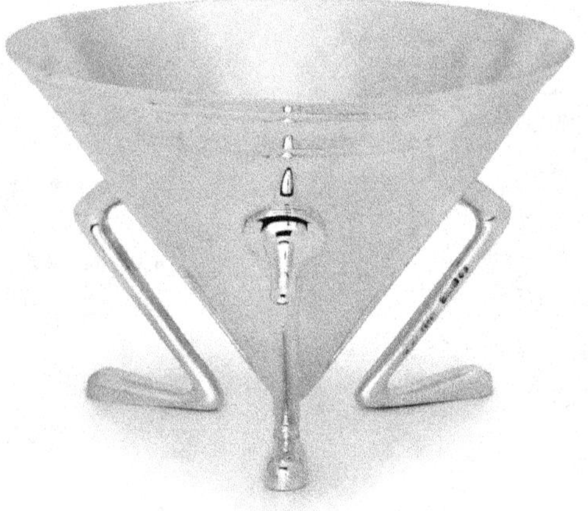

Dieses spezielle Modell ist eine Zuckerdose aus versilbertem Metall, deren zweideutige Form bei genauerer Betrachtung überraschende ergonomische und funktionale Details offenbart.

"Chris, schön die Zuckerdose mit den Koboldbeinen"

In der historischen Debatte über Design dreht sich die zentrale Frage oft um die Kluft zwischen Form und Funktion: Soll die Form lediglich als Ornament dienen, einen minimalistischen Stil annehmen, übertrieben oder provokativ erscheinen, oder sollte sie ausschließlich von der Funktionalität geleitet werden? Oft verschmelzen die beiden Merkmale auf eine kaum wahrnehmbare Weise miteinander.

In der historischen Design-Debatte dreht sich die zentrale Frage oft um die Kluft zwischen Form und Funktion: Soll die Form lediglich als Ornament dienen, einen minimalistischen Stil annehmen, übertrieben oder provokativ erscheinen, oder sollte sie ausschließlich von der Funktionalität geleitet werden? Oft verschmelzen die beiden Eigenschaften nahtlos miteinander.

Ursprünglich diente die Form nur als Hülle, um das Objekt hervorzuheben, entwickelte sich aber im Laufe der Zeit zu etwas Elegantem oder Überraschendem, Übertriebenem oder Minimalistischem. Erst in relativ modernen Zeiten hat sich die Ansicht durchgesetzt, dass die beste Form diejenige ist, die der Funktion folgt, d.h. die Form eines Objekts sollte hauptsächlich durch seine Funktion bestimmt werden, mit einem minimalistischen Aussehen. Viele Designer haben berühmte Aussagen über das Konzept der Form gemacht. Der bekannteste bleibt Mies Van Der Rohe mit *"Less is more"* (weniger ist mehr) oder noch deutlicher, weniger ist besser, oder im Gegensatz dazu der amerikanische postmoderne Architekt Robert Venturi mit *"Less is Bore"* (weniger ist langweilig), und viele andere, die ihre Vorstellung von Form zum Ausdruck bringen. Von vielen Historikern als der erste professionelle Industriedesigner Europas angesehen, entwarf Christopher Dresser, geboren 1834 in Glasgow, Schottland, zahlreiche innovative Objekte in seiner fünfzigjährigen Berufslaufbahn. Eines davon ist die 247, eine Zuckerdose aus "versilbertem" Silber (Silver Plated), eine innovative Technik der damaligen Zeit, die es ermöglichte, ein Objekt aus Messing, einem minderwertigen Material, galvanisch mit einer dünnen Silberschicht zu überziehen, die es wie massives Silber aussehen ließ. Maximale Wirkung, minimaler Aufwand.

Dressers Produkt war das Ergebnis innovativer Designüberlegungen, minimalistisch, aber durchdacht und für eine industrielle Serienproduktion geplant. Unzufrieden mit den kleinen Griffen, die an den Zuckerdosen angebracht waren, die die Menschen zwangen, den Daumen in den Rand zu stecken, um sie gut greifen zu können, entschied er sich, eine neue Form zu erproben. Da er überzeugt war, dass der Kegel die korrekteste Form für ein solches Gefäß sei, da er das Trennen von Zuckerpulver und Zuckerwürfeln erleichterte, entwarf Dresser drei Füße, die gleichzeitig die Struktur des Kegels stützen und als Griffe dienen sollten.

Ein Projekt mit sorgfältiger Formstudie, bei dem die Elemente Beine und Körper für eine spezifische Funktion entworfen wurden. Nichts wurde dem Zufall überlassen, alles wurde auf größtmögliche Einfachheit reduziert. Zahlreiche seiner Skizzen zeigen, wie sorgfältig Dresser ein Objekt studierte. Hier studierte er sicherlich sorgfältig die Bewegung der Hand beim Greifen der Zuckerdose und fand schließlich die perfekte Lösung in drei schlanken, geformten Metallstäben. Das Ergebnis war eine sehr besondere Form.

Ich muss lächeln, wenn ich mir vorstelle, wie jemand an Dressers Arbeitstisch vorbeigeht, vielleicht seine Frau, auf die Zeichnung schaut und sagt: ‚*Schön, Chris, mir gefällt der Kobold mit den Froschbeinen, den du gemacht hast, aber wasch jetzt deine Hände, sonst wird das Abendessen kalt.*‘ Christopher wird seufzen, sich durch das flüchtige Urteil, das jeglicher technischen Bedeutung entbehrt und seine ergonomischen Studien missachtet und nicht zum hundertsten Mal seine Entwurfsgründe seiner Frau erklären kann, herabgesetzt gefühlt haben und sich vom Zeichentisch entfernt haben, um sich die Hände zu waschen, wie es seine Frau vorgeschlagen hat.

Achtung, es ist noch nicht vorbei, ein Sprung vorwärts um ein Jahrhundert.

Anfang der 90er Jahre brachte Alessi, das bekannte italienische Hauswarenunternehmen, ein Projekt mit dem Titel FFF (Family Follow Fiction) ins Leben, eine Anspielung auf das berühmte Axiom von Louis Sullivan "Form Follows Function" (Die Form folgt der Funktion).

Für Alessi wird die Familie zum Subjekt, das Haus zum Ort der Zusammenkunft und die verbindende Geschichte eine fröhliche Fantasiegeschichte. Das von Alberto Alessi berufene Designteam erzählt ein anthropomorphes Märchen, in dem die Objekte zu Charakteren, Akteuren einer szenischen "Fiktion", Erzählern von Beziehungsgeschichten werden. Zum ersten Mal werden so die Objekte auf dem Tisch zu einer Reihe von kleinen Kreaturen, die in den heimischen Wänden echte Emotionen schaffen. Jemand aus dem Alessi-Team erinnerte sich an Dressers Zuckerdose, erkannte den spielerischen Zug und reproduzierte 1993 zusammen mit einer Reihe von bunten und unterhaltsamen Objekten Dressers Behälter identisch, aber aus farbigem Kunststoff, umbenannt in Christy zu Ehren seines Schöpfers.

Dressers Frau hätte gesagt: *"Ich habe dir gesagt, dass es wie ein Kobold aussieht, aber du hörst nie zu... (und komm zum Tisch, das Abendessen wird kalt, dieses Haus ist kein Hotel)"*.

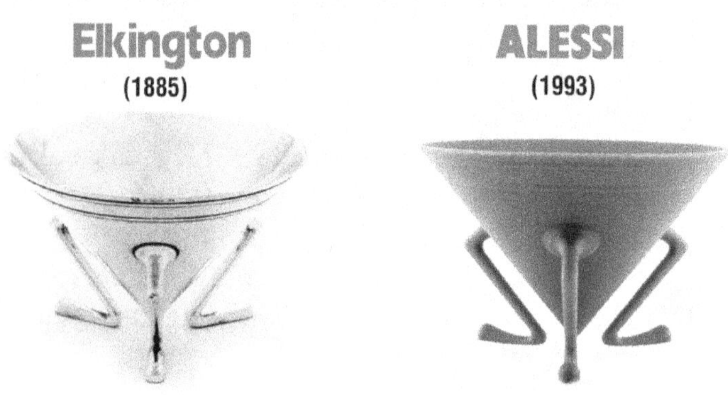

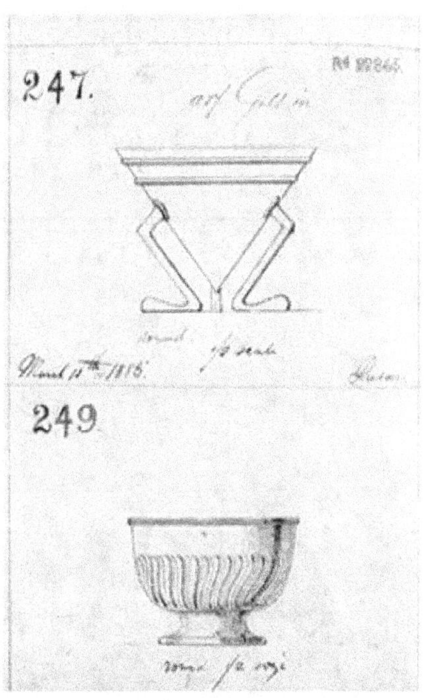

Es ist interessant, Dressers Design einer Zuckerdose im Elking-
ton & Co. Drawing Book mit einem konventionelleren Design auf
derselben Seite zu vergleichen.

In seinen *"Principles of Decorative Design"* unterstützte Dresser diese Form, weil "der Würfelzucker immer zusammengehalten wird und der Puderzucker sich von den Klumpen trennt".
Er dachte auch, dass Zuckerdosen oft schwer zu halten seien,
weil ihre Griffe zu klein waren. Um dieses Problem zu lösen und
den konischen Körper seines Designs zu stabilisieren, erklärte
er: *"Ich schlage drei Füße vor, die so geformt sind, dass sie als*

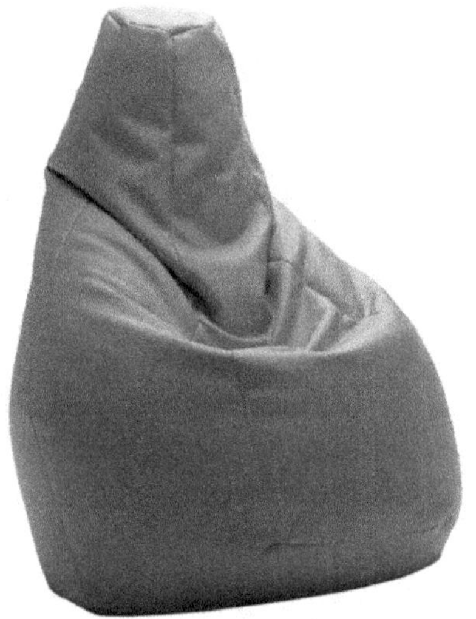

Der Sessel Sacco ist ein komplett "destrukturierter" Sessel, also ohne Beine und ohne feste Rückenlehne, ein Sitzmöbel, das mit seinem Benutzer interagiert und seine Form bei jeder Bewegung verändert.

"Bitte, nehmen Sie Platz auf meinem Scroto"

Durch aufmerksame Beobachtung erkennt man, dass Neugier und Aufmerksamkeit für Details nicht einfach Wahrnehmungsinstrumente sind, sondern echte Brücken zur Vorstellungskraft. Diese Elemente sind in der Lage, mentale Bilder in unerschöpfliche Quellen der Fantasie und Inspiration zu verwandeln, was schließlich zur Entwicklung wirklich unerwarteter Projekte führt.

Emilio Ambasz war ein mehrfach ausgezeichneter argentinisch-amerikanischer Architekt und Industriedesigner. Von 1969 bis 1976 war er Kurator der Designabteilung am MoMA in New York; er wählte Sacco für die Ausstellung The New Italian Landscape von 1972 aus und sagte über Sacco: *"Es ist ein Sitz, ein Sessel, ein kleines Sofa, eine Chaiselongue, es ist das, was du willst, weil der Körper, wenn man sich darauf setzt, ein wenig wie schwebend bleibt: wenn die durch das Gewicht geprägte Form wieder spürbar wird, reicht es, sanft die Position zu wechseln oder ein paar Ellbogenstöße zu geben und ein wenig darauf herumzudrücken, um das Gefühl der Leichtigkeit zurückzugewinnen. Es ist ein Produkt, das man so noch nie gesehen hat."*

Gegen Ende der 1960er Jahre zeigten drei Architekten aus Turin, Cesare Paolini, Piero Gatti und Franco Teodoro, ein Sitzprototypen Aurelio Zanotta, einem ziemlich weitsichtigen Möbelunternehmer, der tief fasziniert war von einer gewissen Nonkonformität, die unter den kulturellen und künstlerischen Trends jener Jahre vorherrschte. Er war sicherlich der Erste, der auf die Bedeutung der Linien und die anschließende Experimentation mit Formen setzte, was den eigentlichen Ausgangspunkt des modernen italienischen Designs darstellte.

Diese drei Architekten trugen einen Sack aus transparentem Kunststoff, gefüllt mit Styroporkügelchen, und boten ihn als *"Sitz"* an. Um die gewünschte Nachgiebigkeit zu erreichen, *"ein bisschen wie Schnee, in den man sich hineinwirft und die Form des eigenen Körpers hinterlässt"*, hatten sie verschiedene Materialien getestet, wie z.B. Wasser, Luft, Plastikspielzeugkugeln, aber nichts funktionierte. Dann kam die Erleuchtung: Styroporkügelchen, kleine weiche weiße Kügelchen, so groß wie Kaffeebohnen, waren perfekt. Modular, leicht und kostengünstig.

Die erleuchtende Idee kam dank der Experimente mit Materialien, die für die Schalldämmung oder Wärmedämmung verwendet wurden, wie Styropor. Eine echte Wette, die in kurzer Zeit das Konzept des Sitzens selbst revolutionierte und einen klaren Bruch mit der Vergangenheit des Sitzdesigns schuf.

Farbenfroh, ultraleicht und ohne Struktur (erinnern wir uns, dass dies der erste Sessel ohne feste Struktur war), wurde er in kurzer Zeit zum Emblem der Jugend, die ihn liebte, weil man sich in diesen Sessel fallen lassen konnte, seine Formen erlaubten es, sich frei zu entspannen.

Die drei Designer sagten, dass ihr Ziel war, einen flexiblen Sitz zu schaffen, der *"sich ein bisschen wie Schnee anpasst, in den man sich hineinwirft und die Form seines Körpers hinterlässt."* Zanotta, der bereits viele nonkonformistische Projekte unterstützt hatte, nahm das Angebot an, ihn in Produktion zu nehmen.

Als er zum ersten Mal auf dem amerikanischen Markt erschien, wurde er "Bean Bag" genannt, und später wurde jedes Produkt mit ähnlicher Füllung nach dem "Bohnen-Sessel" benannt: der Sitz der neuen Generationen, der Fans psychedelischer und informeller Musik, jenseits jeder vorgegebenen Haltung, *"tragbar und freundlich"*, im vollen Geist der 1960er Jahre.

So entstand der revolutionärste Sessel, absolut weich und nonkonformistisch, den man sich vorstellen konnte. In einem Zeitungsinterview im Januar 1969 erklärten die drei jungen Architekten, dass sie ihre Inspiration für ihr Projekt aus den Säcken nahmen, in denen die Bauern die gesammelten Kastanien aufbewahrten. In einem Moment der Ruhe während der Ernte, als sie noch Studenten waren und nach irgendeinem Job suchten, saßen sie auf diesen Säcken und fanden sie sehr bequem.

Sofort von Zanotta in Produktion genommen, eroberte er das Publikum und die Schaufenster der ganzen Welt in kürzester Zeit.

Über das Treffen mit Zanotta sagte Gatti in einem Interview mit dem Online-Magazin Zanotta Happenings 2008: 6

"Zuerst einmal sagt man "der Sitz Sacco" und nicht der Sessel; Sacco hat nichts mit einem Sessel zu tun. Der erste Sacco-Prototyp, der nach einigen Tests zusammengebaut wurde, bestand aus ziemlich robustem, transparentem PVC, gefüllt mit Styroporkügelchen und mit einem Griff, um ihn bequem tragen zu können.

Aber ich möchte betonen, dass es für uns nicht um eine "pop" Erfindung ging, sondern um ein gezieltes Design eines rationalen Objekts, bestehend aus zwei verlängerten Sechsecken für die oberen und unteren Basen und aus Keilen, die aneinander passten.

Wir begannen, Stücke aus transparentem Kunststoff zu schneiden, die fast 2 Meter hoch waren, unsere Mütter nähten sie zusammen, um einen Gesamteindruck zu bekommen. Dann gingen wir zu einem Handwerker, der thermogeschweißte Kunststoff herstellte, den für Dokumentenhalter, und er machte einen ersten Prototyp, den wir "Moll you are" nannten, also "von euch selbst geformt". Auch wenn er etwas grob war, ließen wir ihn fotografieren, und er sah nicht schlecht aus, er wurde in einer Zeitschrift veröffentlicht, der "Long Furniture Daily", und ein Einkäufer von Macy's war fasziniert davon. Er bestellte sofort 10.000 Stück. Da gingen wir zu Zanotta, der sofort das Potenzial des Sitzes erkannte und beschloss, ihn in Produktion zu nehmen.

Der Name "Moll you are" gefiel uns nicht so sehr und wir suchten nach einem etwas raffinierteren. Wir entschieden uns für "Scroto", vom Griechischen "Behälter", aber Zanotta fand es zu sehr mit dem sexuellen Bereich verbunden, also entschieden wir uns für Sacco. Es war ein überwältigender Erfolg, der sich nicht wiederholen ließ; es ist der einzige Sitz, der sich an die Person anpasst, die darauf sitzt, und jeden zum "Designer" seines eigenen Entspannens macht."

Hier liegt der Grund für seinen Erfolg: die Kombination aus absoluter Flexibilität und markantem Design, die ihn schnell zu einer zeitlosen Ikone machte. 1970 gewann er den ADI-Preis, die begehrte Auszeichnung "Compasso d'Oro". Wie bereits erwähnt, wurde er 1972 zusammen mit anderen Objekten auf der Ausstellung "*The New Italian Landscape*" ausgestellt und erhielt großen Beifall.

Die größte Werbung machte ihm jedoch nicht das MoMA oder andere Ausstellungen oder Museen, sondern eine urkomische Szene aus dem Film der Serie des Buchhalters Fracchia (der später zu Fantozzi wurde), in der ein unbeholfener Paolo Villaggio von seinem Chef aufgefordert wird, sich vor ihm zu setzen: "Bitte setzen Sie sich!". "*Auf dem Sessel...?*" sagt der Buchhalter schüchtern vor einem orangefarbenen Sack, der vor dem Präsidenten auf dem Boden liegt. "*Ja, auf dem Sessel!*". Und hier beginnt ein richtiger Kampf (mit Fäusten), um sich auf den

Sessel zu setzen, der ihn immer wieder zu Boden wirft. Diese urkomische Szene, die im Fernsehen verbreitet wurde, brachte Sacco buchstäblich in die Häuser vieler Italiener, und tatsächlich war er damals besser bekannt als "*der Fantozzi-Sessel*".

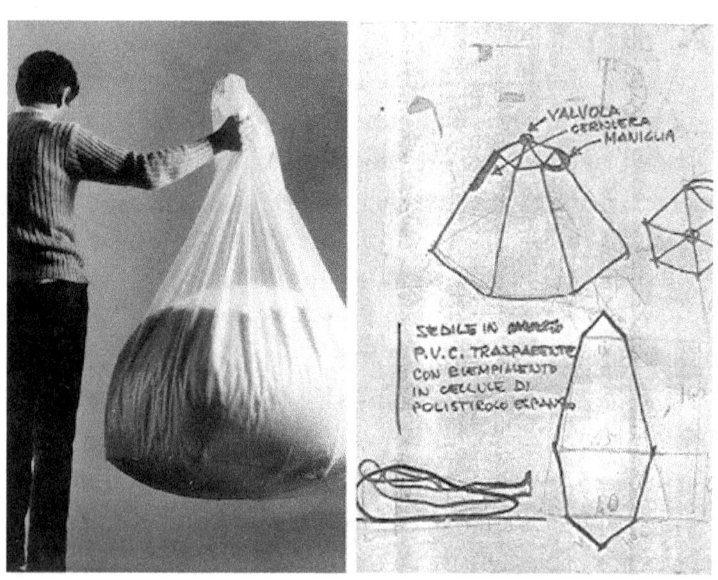

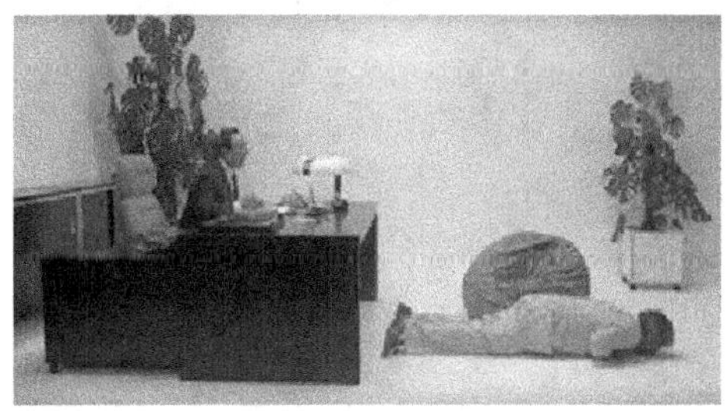

Paolo Villaggio spielt in "Fracchia la belva umana". 1981
(Eigentum von Maura International Film)

Die Lampe besteht aus 3 Halbkugeln: eine an der Basis und zwei weitere ineinander, die das Licht teilweise abschirmen. In jenen Jahren gab es keine Potentiometer, um die Lichtintensität zu ändern, und daher stellte sie eine absolute Neuheit dar. Mit dem Goldpreis 1967 ausgezeichnet, ist die Eclisse Teil der ständigen Sammlung des MoMA in New York und der Triennale in Mailand.

"Das ist wirklich eine Idee aus den Elenden!"

Die Vorstellungskraft, Fantasie und Kreativität verschmelzen zu einer einzigen Synergie im Prozess der Schaffung eines Designobjekts. Die Vorstellungskraft liefert die anfängliche Inspiration, die Fantasie gibt ihr Form und die Kreativität ermöglicht die konkrete Umsetzung dieses Meisterwerks.

Dieser Gegenstand vereint perfekt die drei Hauptmerkmale des Designs: Form, Funktionalität und Innovation, so sehr, dass er vielleicht das berühmteste italienische Objekt in der Welt des Designs geworden ist. Diese ikonische und mehrfach ausgezeichnete Lampe wurde von Ludovico (Vico) Magistretti, einem Mailänder Architekten (in der dritten Generation in einer Künstlerfamilie), Anfang der 1960er Jahre entworfen. Magistretti erhielt den Auftrag direkt von Ernesto Gismondi, dem Gründer von Artemide, eine kleine Nachttischlampe zu entwerfen. Das Ziel war es, eine Lampe zu entwerfen, die in der Lage war, die Intensität des Lichtstrahls zu variieren, um ihn den jeweiligen Bedürfnissen anzupassen. Damals gab es noch keine Lampen mit variabler Intensität, sie hatten im Wesentlichen nur einen Ein-/Ausschalter und sonst nichts. Das Problem war nicht leicht zu lösen, und er selbst sagte, dass er eine unerwartete Eingebung hatte. Magistretti erzählte: *"Es war 1963, und ich war bei*

Artemide auf der Piazza della Conciliazione in Mailand, um mit Ernesto Gismondi zu sprechen, der mir sagte: '...aber wissen Sie, Architekt, alle haben Betten, warum machen wir nicht eine Nachttischlampe, die für viele Menschen nützlich wäre?'

Magistretti hörte sich seine Wünsche genau an und ging zurück ins Studio, um seine Gedanken zu ordnen. Er nahm die U-Bahn M1, die schnell und bequem ist, von der Piazza Conciliazione bis zur Via Palestro sind es sechs Haltestellen, etwas mehr als 15 Minuten, und dort, irgendwo entlang der Strecke, kam ihm die richtige Inspiration durch ein mentales Bild.

Unten in der U-Bahn, unterstützt durch das gedämpfte Licht des Mezzanins, erinnerte er sich vielleicht an eine Passage aus Victor Hugos Roman "Les Misérables", in der erzählt wird, wie Jean Valjean, der Protagonist und Dieb, im Dunkel der Nacht der Patrouille der Gendarmen entkommt.

"...aber die Patrouille setzte ihren Weg fort und ließ Valjean hinter sich, der von all dem nichts wahrnahm, außer der Verfinsterung der Laterne."

Magistretti stellte sich in der Ferne ein schwaches Licht vor, wie eine pulsierende Kugel, und vielleicht hatte er in diesem Moment die Eingebung einer Lampe mit variabler Intensität, basierend auf dem Konzept der blinden Eisenbahnerlaterne, bei der eine Lichtquelle hinter einer sich öffnenden und schließenden Klappe platziert ist, um das Licht nach Belieben zu modulieren. Eine Halbkugel als Basis, eine Halbkugel als Schirm und innerhalb dieser eine etwas kleinere Halbkugel, die auf einem Zapfen angebracht ist, um das Licht zu regulieren: Das könnte die Lösung sein, die er suchte. Magistretti erzählte weiter: *"Ich wollte mir eine Notiz machen, um es nicht zu vergessen, aber ich hatte nichts zum Schreiben dabei, also benutzte ich das kleine U-Bahn-Ticket, das ich in meiner Tasche hatte. Auf wenigen Quadratzentimetern gelang es mir, meine Eingebung festzuhalten."*

Sobald er im Studio ankam, nahm er das Telefon in die Hand, um Gismondi anzurufen, und beschrieb es ihm, ohne ein Projekt oder eine richtige Skizze in der Hand zu haben. Magistretti betonte immer, dass, wenn eine Idee gut und sofort verständlich sei, sie einfach mündlich erklärt werden könne, ohne dass es eilig sei, sie zu zeichnen; er nannte dies Concept Design. Dann kam die Idee, die Metapher der Astronomie hinzuzufügen: Das System Sonne-Erde-Mond darstellend, simulieren die drei Halbkugeln das, was während einer Mondfinsternis passiert, wenn der Erdschatten die Mondoberfläche teilweise oder vollständig bedeckt. Genau wie bei der Mondfinsternis dreht sich auch die innere Schale der Lampe und bedeckt so das emittierte Licht. Auf diese Weise kann der Benutzer eine mehr oder weniger gedämpfte Lichtstärke erreichen. Heute erscheint uns das selbstverständlich, aber in den 6oer Jahren war es pure Innovation.Vorstellungskraft, Kreativität und solides Design. Das ist der perfekte Weg.

In der Realität hätte der sagenhafte Merkzettel von Magistretti etwa so aussehen sollen. Ein U-Bahn-Ticket der A.T.M. aus den 6oer Jahren mit einer handschriftlichen Notiz.

Stuhl "Plia"
Giancarlo Piretti
ANONIMA CASTELLI 1967

Oft entstehen die Patente für einige Objekte nicht aus dem vollständigen Objekt, sondern aus einigen vorhandenen Komponenten. Im Fall der Plia handelt es sich um ein innovatives Scharnier mit drei Metallscheiben, das es dem Stuhl ermöglicht, sich perfekt zu falten. Sowohl gefaltet als auch geöffnet stapelbar, präzise, funktional und mit einer eleganten Struktur bleibt Plia ein Erfolg und wird in den größten Designmuseen der Welt ausgestellt.

"Zum Glück wählen die Leute nicht mit dem Hintern"

Oft spielen Emotionen eine Schlüsselrolle bei unseren Kaufentscheidungen, ohne dass wir es merken. Sie nisten sich im Kern jedes Entscheidungsprozesses ein, formen unsere Vorlieben und lenken unsere Entscheidungen hin zu Produkten, die über die reine Funktionalität hinausgehen und uns zu dem drängen, was wir einfach als schön empfinden.

Der Stuhl Plia markiert den Beginn einer neuen Ära großer Zustimmung hinsichtlich der Verwendung von Kunststoffen. Man bedenke, dass seit Beginn der Produktion im Jahr 1967 weit über 7 Millionen Exemplare dieses Klappstuhlmodells verkauft wurden, das von Giancarlo Piretti entworfen und von Anonima Castelli produziert wurde, einem Unternehmen, das 1897 von Ettore Castelli gegründet wurde und sich zunächst mit Tischlerei beschäftigte.
Die Plia ist eine moderne Neuinterpretation des klassischen Klappstuhls aus Holz. Das Gestell besteht aus hochglanzpoliertem Aluminium, während Rückenlehne und Sitz aus transparentem Kunststoff gefertigt sind.
Der Klappmechanismus wurde in jenen Jahren als eine echte Innovation angesehen und revolutionierte das Design. Die Entstehungsgeschichte des Plia-Stuhls ist sehr interessant. Piretti entschloss sich nach einigen Monaten Arbeit, das Projekt eines neuen Klappstuhls aufzugeben. Der Grund für die Aufgabe lag in der Arbeitsumgebung, die seiner Meinung nach nicht optimal war, da bei Ano-

nima Castelli alle daran gewöhnt waren, mit Holz und nicht mit Kunststoff zu arbeiten. Um ihn so gut wie möglich zu unterstützen, gab ihm Herr Castelli Jr. die Schlüssel zu einem kleinen, gut ausgestatteten Labor, in das er jederzeit gehen konnte, um selbst Tests durchzuführen.

Die Studie begann mit dem flachen Gelenk, das Aluminium wurde einer speziellen Bearbeitung unterzogen, die die Zugabe eines Kerns erforderte. *"In gewisser Weise muss man immer die Seele hineinlegen, besonders wenn man einen Klappstuhl herstellt, der bei Bedarf verwendet wird und nicht als fest positioniertes Objekt in einem Raum"*, sagte Piretti.

Die Rohre mussten dünn sein, um dem Endprodukt die richtige Leichtigkeit zu verleihen, das auf keinen Fall schwer wirken durfte. Um ihm mehr Leichtigkeit zu verleihen, mussten Rückenlehne und Sitz transparent sein. Sein Aussehen sollte zudem zu jeder Art von Möbeln im Haus passen. Die Suche nach transparentem Material war nicht einfach, in jenen Jahren war ABS in Mode, wurde aber bei einer ersten Prüfung wegen seiner schnellen Trübung verworfen. Dann erinnerte er sich eines Tages an einen Besuch bei Bayer in Deutschland, wo man ein transparentes Material, Cellidor, entwickelt hatte, das zu 45 % aus Zellulose bestand. Ein Material, das in der Produktion von Sonnenbrillengläsern verwendet wurde, sich aber auch sehr gut für einen Stuhl eignete, wenn man die späteren Verbesserungen berücksichtigte, die es stärker machten. Die ersten Tests mit Plia ergaben negative Bewertungen hinsichtlich des Komforts, ein Test in England, bei dem geblendete Personen eingeladen wurden, sich auf den

Stuhl zu setzen, brachte Plia auf den vierten Platz. Aber kurz darauf wurde ein weiterer Test durchgeführt, bei dem dieselben geblendeten Personen sagen sollten, welcher Stuhl ihnen am besten gefiel, und Plia kam auf den ersten Platz. *"Zum Glück wählen die Leute mit den Augen und nicht mit dem Hintern!"*, sagte Piretti.

Und er fuhr fort: *"In jenen Jahren liebten alle Plia, einen Stuhl für Notfälle, schön und modisch. Man bedenke, dass seine Präsentation auf der Salone del Mobile ein echter Erfolg war. Am ersten Tag besuchten die Leute den Stand von Castelli und gingen mit dem Stuhl unter dem Arm weg. Ab dem zweiten Tag wurden sie mit einer Kette gesichert... 1972 wurde Plia Teil der Ausstellung von Emilio Ambasz im MoMA, er war überall zu sehen, in Filmen, in der Werbung, der Grund war einfach, er war schön, kostete wenig und war auch praktisch. Aus all diesen Gründen wurden mehr als 1000 Stück pro Tag produziert. Um Plia herum passierte alles Mögliche, sie fotografierten sogar ein Mädchen, das darauf saß, aber das Seltsame war, dass das Mädchen auf einem der Fotos fast nackt war und auch von unten aufgenommen wurde..."*

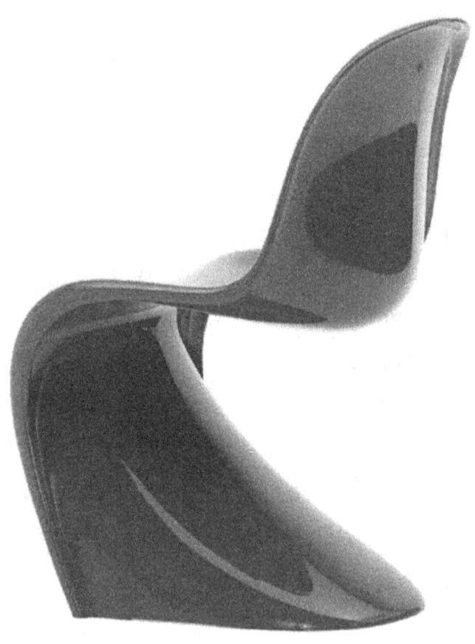

Panton-Stuhl, Der Traum des Designers: der Stuhl aus
einem einzigen Stück. Der Panton Chair ist ein stuhlbeinlo-
ser Stuhl, der vollständig aus Kunststoff gefertigt ist. Man
könnte sagen, dass nicht der Nutzen sein Hauptzweck ist,
sondern vielmehr, dass er ein erzählerisches Objekt ist,
schön und in der Lage, über den gewöhnlichen Gebrauch
vieler Gegenstände hinauszugehen.

"Dieser Kunststoff ist schrecklich, er bricht wie ein Keks!"

Ausdauer und Vertrauen in eine innovative Idee können bedeutende Herausforderungen im Prozess der Schaffung eines erfolgreichen Produkts überwinden. Die Geschichte zeigt, dass selbst wenn viele die Idee ablehnen und sie unmöglich zu verwirklichen scheint, ständiges Engagement und die Suche nach Lösungen letztendlich zum Erfolg führen können.

Die sechziger Jahre wurden immer als das *"Raumfahrtzeitalter"* bezeichnet, da die Großmächte im Wettlauf waren, um als Erste ins All zu gelangen. Amerika und Russland standen in diesem Thema immer in Konkurrenz zueinander, sodass die erste Mondlandung 1969 stattfand.

Die Begeisterung des Publikums für alles, was futuristisch wirkte, führte zu einem Stil namens *"Space Age"*, bei dem Möbel in Kapsel- und Pollenformen die Hauptrolle spielten.

Der dänische Designer Verner Panton wollte das Projekt eines Stuhls verwirklichen, an dem er seit über zehn Jahren arbeitete. Er hatte die Vision eines einteiligen Kunststoffstuhls mit geschwungenen Formen. Er ließ sich von Gerrit Rietvelds

"ZigZag"-Stuhl von 1932 und dem freischwingenden *Sitzgeiststuhl"* (die Sitzfläche ohne hintere Beine) von 1927 der Brüder Heinz und Bodo Rasch inspirieren.

Pantons Traum begann in den fünfziger Jahren, als er eine Reihe gestapelter Eimer beobachtete und dachte, es wäre fantastisch, dasselbe Konzept mit einem Stuhl aus einem einzigen Stück zu reproduzieren. 1956 gelang es ihm, den "S-Chair" zu entwerfen, einen Stuhl, der als Möbelstück gedacht war, bei dem die S-förmige Sitzfläche bequem war und den Körperformen der sitzenden Person folgte.

1960 schuf Panton einen recht rudimentären Prototyp aus Gips und dann aus Glasfaser, da es die Kunststoffe, die die gewünschte Form annehmen konnten, noch nicht gab. Aber es gab technische Produktionsschwierigkeiten, die er alleine nicht überwinden konnte. Er erkannte, dass er Hilfe brauchte, und machte sich mit seiner Frau und seinem Prototyp auf die Suche nach einem Hersteller, der an seine Idee glaubte. Viele versuchten es, aber alle lehnten seinen Vorschlag als zu schwierig ab.

Nach all diesen "Neins" kehrte er nach Hause zurück und legte das schwierige Projekt vorübergehend beiseite, um sich auf andere Dinge zu konzentrieren.

Nach fünf langen Jahren besuchte Willi Fehlbaum, der Gründer von Vitra (einem Schweizer Möbelhersteller und Importeur von Herman Miller, einem ebenfalls auf Möbel spezialisierten amerikanischen Unternehmen), das Labor von Verner. Er sah den Stuhlprototyp und fragte ihn, warum er nicht in Produktion sei. Verner antwortete: *"Zwischen 15 und 20 Hersteller haben es bereits versucht, aber am Ende haben sich alle aus dem einen oder anderen Grund geweigert, ihn herzustellen."* Der Stuhl war ziemlich instabil, und ein amerikanischer Designer sagte, dass diese Form völlig ungeeignet für einen Sitz sei. Aber Fehlbaum war so fasziniert, dass er das Problem dem technischen Produktionsleiter Manfred Diebold vorlegte, der eine geeignete Herangehensweise fand.

In Zusammenarbeit mit Fehlbaum und Diebold konzipierte Panton ein Modell, das im Kaltverfahren aus Polyester (Kunststoff) hergestellt und mit Glasfaser verstärkt wurde. Dies war das erste Mal, dass ein Sitz aus einem einzigen Stück, ohne Beine und stabil, hergestellt wurde.

Aber dieses Modell war nicht ganz leicht, es erforderte mehrere Nachbearbeitungsschritte. Im Laufe der Jahre wurden Verbesserungen gefunden, um es an die industrielle Produktion anzupassen, indem thermoplastisches Polystyrol verwendet wurde, was die Kosten erheblich reduzierte.

1968 begann Vitra mit der Produktion unter Verwendung von "Luran-S", einem hochfesten Schaumstoff, der von BASF in Leverkusen, Deutschland, hergestellt wurde. Aber nach einigen Jahren, genau 1979, trat ein unlösbares Problem auf: Die Kunststoffoberfläche vergilbte im Laufe der Zeit und zerbröselte wie ein Keks.

Das Problem war sehr ernst, und die Produktion wurde für fünfzehn Jahre gestoppt. Erst Ende der neunziger Jahre wurde das geeignete Kunststoffgemisch gefunden: geschäumtes Polyurethan, ein Material, das in den achtziger Jahren zur Herstellung von Armaturenbrettern in Autos verwendet wurde.

Im Wesentlichen vergingen zwischen der Konzeption und der Produktion vierzig lange Jahre, und während dieser ganzen Zeit gaben Fehlbaum und Panton nie auf. Es war ein unaufhaltsamer Erfolg eines bequemen Stuhls, dank eines Designs mit geschwungenen Linien, die dem Körper zu folgen schienen.

In all den Jahren des Studiums der Sitzfläche gab es Momente großer Entmutigung, in denen Verner verzweifelt auf seinen Prototyp blickte und nicht wusste, was er tun sollte. Der Legende nach war es seine Frau, die Panton überzeugte, den Stuhl den Herstellern zu zeigen. Sie war es leid, ihn verzweifelt zu sehen, und sagte: *"Verni, hör auf, ihn nur anzusehen! Er ist wunderschön, zeig ihn, jemand wird ihn sicher produzieren wollen, entweder du gehst oder ich fordere die Scheidung."*

1999 war der Stuhl perfekt, Panton hatte auch den gewünschten Rotton gefunden, er war fertig. (Auch seine Frau war in gewisser Weise fertig und forderte die Scheidung...). Mit seiner jugendlichen und dynamischen Form und seiner kraftvollen Farbe wurde er zum Symbol der "Pop Art"-Bewegung.

Seine Arbeit war immer geprägt von einem mutigen Einsatz von Farben. In einem Interview erklärte er dazu: *"Die meisten Menschen verbringen ihr Leben in einem tristen grauen Konformismus (denken wir an die heutigen Autos... Anm. d. Red.) mit einer tödlichen Angst davor, Farben zu verwenden. Das Ziel meiner Arbeit ist es, die Menschen zu provozieren, ihre Vorstellungskraft zu nutzen und ihre Umgebung aufregender zu gestalten."*

Als seine Arbeit 1967 in der dänischen Designzeitschrift Mobilia vorgestellt wurde, sorgte sie für Aufsehen.

1970 wurde sie sogar in der britischen Modezeitschrift Nova mit einer Reihe von Aufnahmen veröffentlicht, die illustrierten, *"wie man sich vor seinem Ehemann auszieht".*

Schließlich zeigte die britische Vogue im Januar 1995 auf ihrer Titelseite Kate Moss in einer Pose, die unweigerlich alle Blicke auf sich zog: Sie sitzt nackt auf einem roten Stuhl und bedeckt sich strategisch. Trotz der Anwesenheit eines berühmten Stuhls von Verner Panton bemerkten nur wenige das Designstück, zu sehr abgelenkt vom Charme von Kate. Ein ironischer Fall von "Kunstakt", bei dem der Stuhl, obwohl er eine Design-Ikone ist, im Hintergrund verschwand. Wer hätte gedacht, dass ein Sitz so unbemerkt bleiben könnte...?

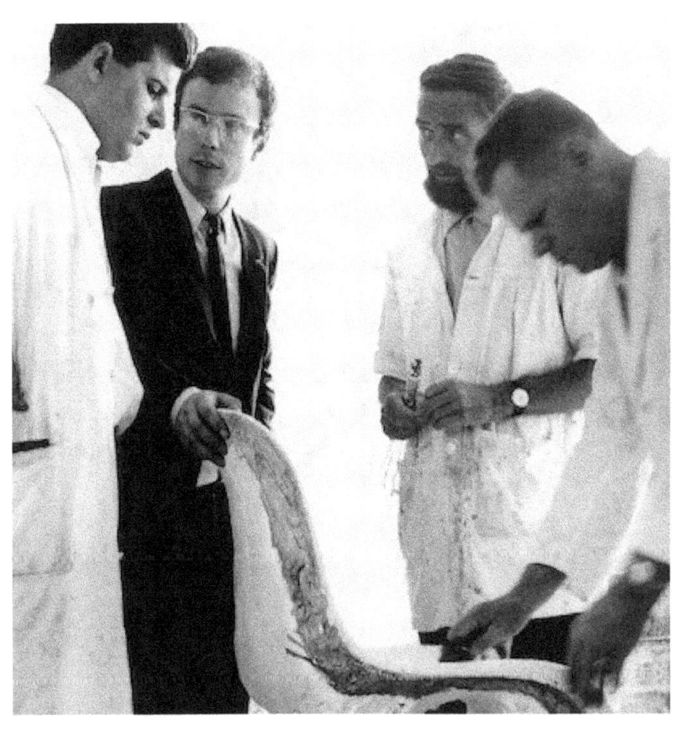

(Manfred Diebold - Willi Fehlbaum - Verner Panton
mit einem Prototyp aus Glasfaser)

Lampen **"Anglepoise 1227"**
George Carwardine
HERBERT TERRY AND SON 1931

Dies ist die erste aller Lampen mit Federarmen, die es ermöglichen, die Richtung des Lichts nach Belieben zu fixie-
ren. Tatsächlich besteht die Aufgabe der Federn nicht darin,
zu ziehen oder zu drücken, wie es offensichtlich erscheinen
mag, sondern lediglich darin, an einem bestimmten Punkt in
Übereinstimmung mit den anderen drei anzuhalten.

70

"Eine Lampe mit Autoaufhängungen?"

Jedes moderne Objekt schöpft Inspiration aus einem vergangenen Erbe und verwandelt sich in ein Archetyp, das die Zukunft des Designs prägt. Als Symbole für Innovation und Anpassungsfähigkeit verkörpern diese Produkte eine kontinuierliche Evolution, bei der Technik, Funktionalität und Qualität verschmelzen, um zukünftige Generationen zu beeinflussen.

Wie viele von Ihnen sind schon einmal auf eine Lampe mit langen Armen und Federn gestoßen? Diese Art von Lampen hat eine gut definierte Geschichte, sodass die heute hergestellten als treue Nachbildungen der ersten Tischlampe betrachtet werden können, die nach dieser Methode hergestellt wurde: die Anglepoise, die erste balancierte Tischlampe der Geschichte.
Alles begann mit einer Idee des britischen Ingenieurs George Carwardine, der seinen Job als Autodämpfungstechniker aufgab, um sich einer Idee zu widmen, die ihm schon lange im Kopf herumspukte. Sein Ziel war es, mechanische Systeme zu schaffen, die dauerhaft unter Spannung stehen, sodass sie dank der Struktur der Federn und Hebel im perfekten Gleichgewicht bleiben.
1931 fand die erste Anwendung dieses Projekts in einer Tischlampe statt, die dank eines Systems aus vier Federn und einem gelenkigen Arm in jede gewünschte Richtung

bewegt werden konnte. Für die damalige Zeit war diese Erfindung ein echter Fortschritt, auch wenn sie zunächst nur im industriellen und militärischen Bereich Verwendung fand.

Die Revolution lag nicht nur in ihrer genialen Struktur, sondern auch darin, dass sie bei Stromausfall dennoch verwendet werden konnte, da sie die niedrige Spannung der eingebauten Batterie nutzte.

Ihr Erfolg wurde auch durch ihre erstklassigen Komponenten wie Aluminium, Stahl und Bakelit (der erste echte Kunststoff der Geschichte) gesichert, was erneut die außergewöhnliche Bauqualität belegt.

Ihre Qualität wurde auch durch den Fund eines britischen Flugzeugs bestätigt, eines Vickers Wellington-Bombers, der nach einer Notwasserung über 40 Jahre lang im Loch Ness See versunken war. 1985 wurde das Flugzeug geborgen und in den Hangar gebracht, in dem es gebaut worden war, um es zu restaurieren. Beim Inspizieren des Flugzeugs wurde im Inneren eine Anglepoise-Lampe gefunden, die noch auf dem Kartographentisch montiert war.

Diese Lampen waren beauftragt worden, die Innenräume der Flugzeuge während der Navigation zu beleuchten, damit die Kartographen die Karten lesen konnten. Nachdem sie gründlich vom Schlamm und Schmutz der Jahrzehnte gereinigt und die Batterie gewechselt worden war, wurde ein erster Einschaltversuch unternommen, und zur großen Überraschung der Anwesenden leuchtete die Lampe beim ersten Klick auf.

Dies ist zweifellos ein großartiger Beweis für ein gutes Designprojekt, bei dem es eine große Balance verschiedener Faktoren gibt: Technik, Funktionalität, Innovation und die Qualität der verwendeten Materialien.

Bevor ich diese Geschichte beende, möchte ich Ihnen die Geschichte einer anderen Lampe erzählen, deren Geschichte sich mit der der Anglepoise verwebt.

Die Lampe L1, die der Anglepoise sehr ähnlich ist, wurde vom norwegischen Ingenieur Jacob Jacobsen entworfen, derselbe, der 1934 die Luxo gründete, ein Unternehmen, das mit Nähmaschinen handelte.

1937 veränderte ein einfacher Zufall seine Geschichte: Der Lieferant der Nähmaschinen legte der Lieferung zwei Anglepoise-Lampen bei, die perfekt neben der Nähmaschine montiert werden konnten, um mehr Licht auf die Arbeitsfläche zu bringen.

Als Jacobsen die Kisten mit den Maschinen öffnete, war er von diesen beiden innovativen Lampen beeindruckt. Er erkannte ihr Potenzial, studierte sie und nahm Änderungen vor, die ihm ein Patent (US Pat Nr. 2787434) einbrachten; dies ermöglichte ihm, die Lampenmodell "L1" unter seiner Marke Luxo zu verkaufen.

Manchmal sieht man diese Lampe unter dem Namen "Naskaloris". Der Grund ist, dass Jacobsen einige Jahre später, möglicherweise um sich von Luxo (Textilmaschinen) zu unterscheiden, Naskaloris gründete, sein neues Unternehmen, das "balancierte Quadrilateral"-Lampen herstellte. Im Laufe der Jahre verbreiteten sich diese Lampen in den technischen Büros von Architekten und Ingenieuren und in Werkstätten neben Maschinen und erzielten weltweiten Erfolg.

1997 wurde Naskaloris an Fontana Arte verkauft, das sie noch heute unter dem Namen "Naska" produziert.

Dieter Rams entwarf 1981 diesen Taschenrechner für Braun. Es war ein Durchbruch im Vergleich zu allen anderen auf dem Markt erhältlichen Taschenrechnern. Keine rechteckigen Tasten und eckigen Formen mehr, sondern eine weiche und abgerundete Struktur mit bunten, kreisförmigen Tasten.

"Wenn der Typ von Apple mich kopiert hat, bin ich geehrt"

Gutes Design basiert auf dauerhaften Prinzipien der Einfachheit und Funktionalität, indem es das Überflüssige minimiert. Diese Philosophie hat im Laufe der Geschichte verschiedene Designer inspiriert und zu einflussreichen Projekten geführt, die das Wesentliche betont haben.

Dieter Rams war Student an der Hochschule für Gestaltung in Ulm, Deutschland, und wurde um die 60er Jahre von Braun eingestellt. In diesen Jahren gelang es ihm, zahlreiche Produkte für das Unternehmen zu entwerfen, die auf den ersten Blick einfach wirkten, so dass er sein Design mit dem Ausdruck "Less but better" erklärte, was so viel bedeutet wie "Weniger, aber besser". Die wichtigsten Merkmale der von ihm entworfenen Objekte sind Eleganz, Unmittelbarkeit, Benutzerfreundlichkeit und minimalistisches Design.

Einige Jahrzehnte später ließ sich ein gewisser Jonathan Ive, Chefdesigner bei Apple, von mehreren Projekten von Dieter inspirieren, so dass man in vielen seiner Entwürfe eine Kopie erkennen kann. Wenn Sie neugierig sind und verstehen wollen, wer er ist, empfehle ich Ihnen, eine Google-Suche mit dem Stichwort "Braun Taschenrechner und iPhone" durchzuführen, denn genau hier findet man die feine Grenze zwischen "Zitat" und "Kopie".

Bei genauer Betrachtung ist es leicht, viele Ähnlichkeiten zwischen dem Braun ET 66 und dem iPhone-Taschenrechner zu erkennen. Dies liegt daran, dass sowohl Steve Jobs als auch sein Chefdesigner Jonathan Ive eine tiefe Bewunderung für die Philosophie von Dieter und seine einfachen und innovativen Kreationen hegten. Aber es blieb nicht nur beim Taschenrechner, sondern betraf auch zahlreiche Kultobjekte von Apple aus jenen Jahren.

Dieter ist in der Designwelt anerkannt, weil die von ihm geschaffenen Objekte in das Leben von Millionen von Menschen eingedrungen sind, man denke nur an die elektrische Zahnbürste, den Rasierer, den Taschenrechner, die Stereoanlage oder den Wecker von Braun. Diese Produkte haben die Designlandschaft verändert, weil sie nicht nur einfach, sondern auch schön waren, und genau in jenen Jahren entstanden die unverwechselbaren Stile von Apple und Braun. Rams hatte eine klare Vorstellung vom Design, das von allen unnötigen Elementen befreit war. Das Produkt sollte nicht durch das, was nicht nötig war, belastet werden.

Rams war auch einer der Ersten, der den systemischen Designansatz testete, indem er die Objekte von innen heraus entwarf, indem er die Komponenten mit ihrer späteren Verwendung in Beziehung setzte. Diese Arbeitsweise, die er später als "gutes Design" bezeichnete, hat die zeitgenössische Kritik in Bezug auf Nachhaltigkeit und geplante Obsoleszenz vorweggenommen, letztere bestimmt den Lebenszyklus eines Produkts, um dessen Lebensdauer in einem bestimmten Zeitrahmen zu begrenzen.

Mit dem einzigen Ziel, die Frage zu beantworten: "Ist mein Design ein gutes Design?", formulierte Rams seine zehn Grundprinzipien für gutes Design, die eine Liste von Normen zugunsten der Einfachheit, Ehrlichkeit und Mäßigung darstellten, die auf viele Designobjekte angewendet wurden, die uns noch heute umgeben.

Steve Jobs und Jonathan Ive wissen es gut: Ein gutes Design, um den Erfolg beim Publikum zu erzielen, muss so wenig Design wie möglich enthalten, und die Inspiration von Dieter war sofort gegeben.

Rams erzählte in einem Interview eine Anekdote zur Frage "Apple": Während einer Veranstaltung sah er, wie der französische Designer Philippe Starck zügig auf ihn zuging und ihm sagte: "Apple hat dich kopiert!". Überrascht von dieser Aussage und auch von der Art und Weise, wie sie gemacht wurde, antwortete Rams Starck mit dem Zitat von Charles Caleb Colton: "Nachahmung ist die aufrichtigste Form der Schmeichelei". Wenn sich Ive von meiner Arbeit inspirieren ließ, kann ich nur geehrt sein. Einfacher geht's nicht...

Der Taschenrechner von Braun im Vergleich mit
dem iPhone-Taschenrechner.

Die Nr. 14, der erste industriell gefertigte Stuhl der Geschichte. Hergestellt aus 18 dampfgebogenen Holzstücken, ohne Klebstoff und mit nur 10 Schrauben montiert. Die hinteren Beine und die Rückenlehne bestehen aus einem einzigen langen Stück Buchenholz. Der Sitz ist aus Wiener Geflecht, dicht verflochten.

"Geben Sie mir 36 Eier oder anderthalb Liter Wein... oder den Stuhl!"

Technologische Entwicklung und Innovation sind Säulen für Designer, doch oft können zufällige Elemente als bedeutende Faktoren auftauchen, die den kreativen Prozess beeinflussen und zum Erfolg innovativer Produkte beitragen.

Es gibt einen bestimmten Moment in der Geschichte des Stuhldesigns, der das Konzept der "technologischen Innovation" sehr gut veranschaulicht. Ich beziehe mich auf die Entdeckung der Dampfkraft in der zweiten Hälfte des 19. Jahrhunderts, die die Art und Weise, wie Objekte hergestellt wurden, für immer veränderte.
So entstand das, was ich gerne als die "Königin der Stühle" bezeichne. Ich wette, jeder von Ihnen hat sie irgendwann in seinem Leben gesehen, sei es in einem Café, bei den Großeltern zu Hause, in einem trendigen Lokal, in Bistros oder warum nicht auch im Internet. Der Thonet Nummer 14 ist das erste Beispiel für Industriedesign, oder besser gesagt, das erste Möbelstück mit einer serienmäßigen Massenproduktion. Er repräsentiert einen großen Klassiker unter den Stühlen, so sehr, dass er dank seiner innovativen Produktionseigenschaften zu den bekanntesten der Geschichte gehört.
Unsere Reise in die Vergangenheit führt uns zu Beginn des 19. Jahrhunderts nach Boppard, einer kleinen Stadt

in Preußen, wo der Tischlermeister Michael Thonet mit seiner großen Familie lebte.

Schon seit einiger Zeit versuchte Thonet, in seinem Bestreben, solidere Stühle herzustellen, Holzstangen durch starkes Biegen zu krümmen. Sein Ziel war es, die traditionelle Technik zu überwinden, bei der für die Herstellung einer Kurve mehrere Holzstücke nebeneinander gelegt und geschliffen oder Schichten übereinander gelegt wurden, die im Laufe der Zeit zum Ablösen neigten. *"Biegen oder brechen"* wurde gewissermaßen zu seinem Motto.

Jahrelang brachte er verschiedene Holzsorten mit unterschiedlichen Durchmessern in seine Werkstatt. Er tauchte sie vollständig in Leim und bog sie dann, in der Hoffnung, dass sie beim Trocknen die gewünschte Form beibehalten würden. Das Endergebnis entsprach jedoch nie seinen Vorstellungen: Die Stangen bogen sich zwar irgendwie, aber es war äußerst schwierig, sie in eine präzise Form zu zwingen. Außerdem waren die erzielten Kurven unregelmäßig und entsprachen nicht seinen Anforderungen. Die Versuche gingen weiter, bis eines Tages ein kurioser Vorfall geschah. Er hatte versehentlich einige Holzleisten vor seiner Werkstatttür liegen lassen, und in der Nacht regnete es stark. Am nächsten Morgen, da sie alle nass waren, legte er sie zum Trocknen in die Nähe des Ofens. Als er sie in die Ecke schob, bog sich eine dieser Leisten von kleinem Durchmesser unbemerkt. Erst zwei Tage später bemerkte er, dass die Leiste die erzwungene Biegung beibehielt.

Er bekam eine Gänsehaut vor Aufregung, wiederholte das Experiment und stellte fest, dass die feuchten Holzleisten, die gebogen wurden, um die Krümmung anzunehmen, diese beibehalten konnten, wenn die Trocknung langsam und vor einer Wärmequelle erfolgte.

Dank dieser glücklichen Entdeckung gelang es ihm, den gewünschten Effekt in kurzer Zeit seriell zu reproduzieren.

Das Holz wurde für einige Tage eingeweicht, nach dem Ablaufen des Wassers formte er es in geschwungene Formen, fixierte es an den Enden mit Eisen und Klemmen und ließ es langsam und vollständig vor dem Kamin trocknen. Wenn die Holzleisten freigegeben wurden, behielten sie die gewünschte Kurve bei. Es war das Jahr 1830, und durch Zufall entdeckte er eine der wichtigsten Techniken der Holzverarbeitung: das Dämpfbiegen. Es war einfach fantastisch.

Das war jedoch nur der Anfang, denn tatsächlich brauchte es noch Zeit, um die Technik zu perfektionieren.

Anstelle von Wasser begann er, Dampf bei 104 °C für etwa sechs Stunden zu verwenden, und die Trocknung erfolgte dann in einem speziellen Ofen, in dem das Holz zwei Tage lang verblieb, wodurch der Werkstattofen ersetzt wurde.

Die Versuche, Zeichnungen und entsprechenden Prototypen gingen weiter. Buchenholz diente als Struktur, während Wiener Geflecht die Basis für den Sitz bildete.

Aus dieser Werkstatt kamen viele Modelle hervor, bis das perfekte Modell geschaffen wurde.

Die Herstellung des perfekten Modells erfolgte einige Jahre später, als der Tischler beauftragt wurde, elegante Stühle für das Café Daum, ein modernes Café in Wien, das kurz vor der Eröffnung stand, zu schaffen.

Thonet war seiner Zeit voraus und erkannte als Erster, dass das Geheimnis, um die Sitzgelegenheit zu verkaufen, darin bestand, den Stuhl zerlegt zu versenden und den Benutzer ihn selbst zusammenbauen zu lassen (genau wie es heute Ikea macht).

Er unternahm mehrere Versuche, und beim Versuch Nummer 14 (der Name, der später dem Stuhl gegeben wurde) gelang es ihm, einen Stuhl aus nur sechs Teilen zu machen, die mit zehn Schrauben zusammengehalten wurden.

Zum ersten Mal überhaupt bildete die Rückenlehne ein einziges Stück mit den hinteren Beinen in einer einzigen eleganten und gut gedrechselten Kurve.

Schließlich gelang es ihm, und das war keine Kleinigkeit, in eine Kiste von einem Kubikmeter 36 zerlegte Stühle zu packen, die dann im Laden zusammengebaut und an den Endkunden verkauft wurden. Diese Methode garantierte erhebliche Einsparungen.

Die Nummer 14 zeichnete sich durch Robustheit, Einfachheit und Wirtschaftlichkeit aus: Sie kostete nämlich 3 Gulden (so viel wie drei Dutzend Eier oder anderthalb Liter Wein). Heute wären das etwa 75 €. In jenen Jahren betrug der Monatslohn eines Arbeiters etwa 40 Gulden.

1860 wurde sie in Produktion genommen; ihre Struktur war extrem leicht und widerstandsfähig, und zum Beweis wurde der Stuhl während der Weltausstellung 1867 sogar vom Eiffelturm fallen gelassen. Sie stürzte aus 57 Metern Höhe ab. Beim Aufprall, zur großen Überraschung aller Anwesenden, blieb der Stuhl unversehrt, was großes Interesse weckte. Das Hauptmerkmal dieses Stuhls war die Unzerstörbarkeit: Wenn er einmal verkauft war, kam er nicht zurück.

Nach zehn Jahren war diese kleine Werkstatt die größte Möbelfabrik der Welt.

Jemand hat berechnet, dass von ihrer Entstehung bis 1930 mehr als 50 Millionen Exemplare verkauft wurden. Ein ungebrochener Erfolg, der bis heute geschätzt und weltweit kopiert wird und als bester gebogener Holzstuhl gilt.

Ihre schlichte Linie war eine Stärke, die allen gefiel, einschließlich Adligen, Künstlern und Politikern. Es war der Lieblingsstuhl von Tolstoi, Renoir, Brahms, Lenin, Marilyn Monroe und Liza Minnelli...

Ein Stuhl, der auch von der Malerei bis heute gewürdigt wird. Eine Ikone, die eine einzigartige, unvergleichliche Schönheit darstellt, die für immer Bestand hat.

Holzbiegeverfahren in der Thonet-Fabrik

Sofa "Marylin"(Bocca)
Franco e Nanà Audrito
GUFRAM 1970

Das provokative und überdimensionale Motiv wurde bald
zu einem Maskottchen, dem Symbol der Pop Art.
Die Sitzfläche und die Rückenlehne von Marilyn bestehen
aus weichem Schaumstoff, während der Bezug aus elasti-
schem Stoff in dem unverwechselbaren roten Gufram-Farb-
ton gefertigt ist.
Heute kann man eines der Originalexemplare im Triennale
Design Museum in Mailand bewundern.

"Rechtsanwalt, machen Sie keine Spielchen und holen Sie den Brief von Dalì heraus."

In den 60er Jahren führte die Herausforderung des Rationalismus durch eine Gruppe junger Designer zur Schaffung von Objekten, die sich durch Ironie und Exzentrizität auszeichneten. Diese Stücke erfüllten nicht nur praktische Funktionen, sondern drückten auch Charakter und Leidenschaft aus, und stellten die Idee auf den Kopf, dass Design sich auf reine Funktionalität beschränken sollte.

Um die Mitte der 60er Jahre begannen einige junge Designer, die sich dem Rationalismus widersetzten, völlig unkonventionelle Objekte zu schaffen, die noch heute für ihre Ironie und Exzentrizität bekannt sind. Während diese Objekte einerseits eine Funktion hatten, vermittelten sie andererseits Charakter und Leidenschaft. Einige Designer fragten sich, warum ein Objekt nur den Prinzipien der Bequemlichkeit entsprechen sollte, wenn es gleichzeitig auf sensationelle Weise überraschen konnte.

Wahrscheinlich ist es aus diesem Grund, dass Designer oft als "exzentrische Künstler" bezeichnet werden. Das Sofa Marilyn passt perfekt zu dieser Beschreibung, da es eine Zeit symbolisiert, in der das Erscheinungsbild über das Wesen triumphierte. In den 60er Jahren setzte sich das Konzept der stereotypen und makellosen Schönheit durch, das auch von vielen Modemagazinen gefördert wurde.

Was man sah, war wichtiger als ein Gedanke oder eine Eigenschaft, und das Sofa Marilyn repräsentiert diese Denkweise voll und ganz, indem es zu einer Art Testament wurde. Wenn ich Ihnen bis hierher erzählt habe, was es darstellt, glaube ich, dass es wichtig ist, auch zu wissen, wie Marilyn entstanden ist.

Franco Audrito, der Gründer von Studio65, erzählt es so: *"Es war 1970 und Marilyn Garosci, die Besitzerin einer Kette von Fitnesszentren in Mailand, bat mich, für sie ein Wellnesscenter, das Contourella in Mailand, zu entwerfen.*

Wir haben alles entworfen: vom Bodenbelag über die Wände, die Sitze bis hin zu den Schreibtischen und Lampen des Rechnungsbüros, aber für den Eingang dieses Schönheitstempels konnten wir nichts Passendes finden. Dann erinnerten wir uns an das Gemälde von Salvador Dalí, das "Porträt von Mae West" (eine Sängerin aus den 30er Jahren, die als Sexsymbol galt). Das Gesicht der Diva wurde durch Objekte in einem imaginären Raum dargestellt, wobei der Mund durch ein geschwungenes Sofa dargestellt wurde.

Das war die Inspiration, die wir für den Eingang brauchten. Ein Sofa in Form eines Mundes, und wir realisierten es bei Gufram, einem Unternehmen, das sich in jenen Jahren in der Herstellung von weichen und bunten Schaumstoffsesseln und -sofas hervorgetan hatte.

Als das Sofa jedoch noch bei Gufram war, wurde es von einer Journalistin des Magazins Casa Vogue bemerkt, die nicht widerstehen konnte, ein Foto zu machen und es zu veröffentlichen.

Kurz darauf erschien das Sofa zum ersten Mal in der

US-amerikanischen Zeitschrift Life, wo die junge Model Marisa Berenson provokativ darauf saß, und dieses Foto besiegelte seinen weltweiten Erfolg auf dem Markt.

Dann erfuhr Dalí davon und schrieb uns einen Brief, in dem er Erklärungen verlangte. Wir entschuldigten uns umgehend für das Missverständnis und bemühten uns, die korrekten Informationen zu übermitteln. Die Sache war damit erledigt, Dalí war ein wahrer Gentleman. Wir nannten das Sofa Marilyn (und nicht Bocca) zu Ehren der vollen Lippen der Pop-Diva von Hollywood par excellence (aber auch als Hommage an den Namen unserer Kundin Marilyn Garosci, die ebenfalls blond war und immer knallrote Lippen hatte). Später nannte es jemand "Bocca", und das war für uns auch in Ordnung.Unser Anwalt wollte den Brief von Dalí unbedingt für sich haben, anstelle der Zahlung seiner Honorare.

Leider scheint er heute verschollen zu sein."

Franco Audrito und Salvador Dalì mit dem Originalsofa des Malers

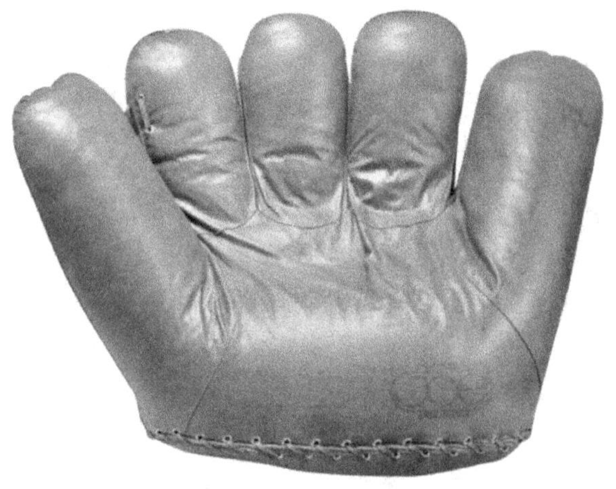

*Joe ist ein "wichtiger" Sessel in XXL-Größe, der einem Baseballhandschuh in jeder Hinsicht nachempfunden ist.
Leder, Kordeln, Nähte, Schnürsenkel und Ösen eines echten Baseballhandschuhs. Unter dem Sockel befinden sich winzige, unsichtbare Räder, um ihn leicht bewegen zu können.*

"Lass es uns machen, außer Maßstab, außer Platz, verrückt."

In einer Zeit kreativer Erkundung fordern Kühnheit und Innovation im Design die Konventionen heraus, indem sie Funktionalität mit einem Sinn für Spiel und Originalität verbinden. Dieser revolutionäre Ansatz spiegelt das Wesen der Kreativität wider und lädt dazu ein, die Konzepte von Ästhetik und Komfort in altäglichen Räumen neu zu überdenken.

Ein riesiger Baseballhandschuh sticht in der Mitte des Raums hervor, wie eine große Hand, die bereit ist, etwas (oder jemanden) zu empfangen. Dieses Sitzmöbel stellt eine totale Abweichung von allen bisherigen Normen dar; es ist Spaß, Humor in reinster Form, Pop-Art, die das Zuhause durch ihre Einzigartigkeit bereichert.
Der Sessel wird Joe genannt, zu Ehren des italo-amerikanischen Baseball-Superstars Joe Di Maggio. Die Schöpfer sind ein Trio, das die Geschichte des weltweiten Designs nachhaltig geprägt hat. Ihre Gruppe trägt den Namen DDL, nach den Initialen ihrer Nachnamen: Jonathan De Pas, Donato D'Urbino und Paolo Lomazzi. Wie entsteht ein so herausragendes Projekt aus dem Nichts? Intuition, Kreativität und ein außergewöhnliches technisches, stilistisches und historisches Wissen. Wie beginnt ein so ungewöhnliches Projekt? Stellen wir uns einen Abend des Brainstormings in häuslicher Umgebung vor; einer der drei nimmt einen Baseball und einen Handschuh, die sichtbar auf einem Regal im Wohn-

zimmer liegen. Jemand sagt:

"Schön, wem gehört dieser Handschuh?"

"Leg meinen Joe Di Maggio-Handschuh zurück...", antwortet ein anderer.

Er schlägt mit der Faust in den Handschuh. "Ich habe den Klang immer geliebt, den der Ball macht, wenn der Fänger ihn vom Werfer fängt... PAACCC... ja, ein wirklich schöner, knackiger Klang, perfekt für den Ball."

"Wenn es für den Hintern wäre, würde es 'PSSCIIIT' machen, ein sanfter Klang, wie der eines Sofakissens."

"Ein Kissen? Moment mal, ich habe eine Idee... kennt ihr die 'oversized' Skulpturen von Claes Oldenburg [7], diesem Bildhauer, der für seine riesigen Installationen von Alltagsgegenständen bekannt ist?"

"Ja, ich kenne ihn, auch Charles Eames hat etwas Ähnliches gemacht. 1956 entwarf er seinen berühmten 'Lounge Chair and Ottoman' und beschrieb ihn so: ‚er verleiht ein warmes Aussehen, wie ein Baseball-Fängerhandschuh.'"

"Und wir machen es so... einen Baseballhandschuh aus Leder."

"Ja, genau so... und wenn der Handschuh riesig wäre... ein riesiges Sofa? Machen wir es 'Zoom', XXL, aus dem Rahmen, aus dem Maßstab, aus dem Schema, aus allem."

"Ich mag diese gesunde Verrücktheit, die du gerade hast, bravo."

"Ein bisschen wie das 'Bocca'-Sofa von Audrito?"

"Ja, genau so."

"Aber komm schon, wer würde sich jemals einen Handschuh/Sofa ins Wohnzimmer stellen?"

"Wetten...?"

Der Rest ist Geschichte. Die DDL haben Spaß daran, Produkte zu schaffen, die ich als verblüffend, aber dennoch funktio-

---

7 Claes Oldenburg, Autor der Skulptur "Ago, Filo e Nodo" auf der Piazza Cadorna in Mailand..

nal bezeichnen würde. Besonders im Bereich der Möbel und Einrichtungsgegenstände zeigt sich ihr revolutionärer Ansatz. Durch eine mutige Vergrößerung des Maßstabs haben sie den Baseballhandschuh in einen einladenden Sitzplatz verwandelt. Ein ikonisches Objekt, das die außergewöhnlichen Fähigkeiten des italienischen Designs jener Zeit erzählt. Eine Kreativität, die in der Lage ist, einen Alltagsgegenstand in etwas absolut Künstlerisches zu verwandeln. In dieser Epoche werden neue Arten des Sitzens erfunden, aber man sollte sich nicht vom scheinbar spielerischen Aussehen von Joe täuschen lassen, denn jeder, der darauf sitzt, ist auch von seinem Komfort fasziniert. Auch seine Entwicklung war von Anfang an ein steiniger Weg, da verschiedene Materialien ausprobiert wurden, von Ton über Gips bis hin zu einer Form, in die Polyurethan gegossen werden konnte.

Paolo Lomazzi erzählt: *"Wir haben viel am Modell gearbeitet: Es wurde auf ein Podest gestellt, das normalerweise für Skulpturen verwendet wird, dann haben wir Jutesäcke darüber gelegt, weil der Ton nass war, und schließlich haben wir uns darauf gesetzt, bis wir die richtigen Formen gefunden haben."*

Die Kühnheit des Projekts zeigt sich auch in der Werbekampagne von Poltronova. "Zur Zeit des Joe-Debüts hatte Sergio Cammilli, der Gründer von Poltronova, Angst vor den Nutzungsrechten am Namen Joe (Di Maggio). So wurde, dank der Intervention von Paolo Lecci und Roberto Innocenti, der Slogan 'JOE... di Maggio, Giugno, Luglio...' entwickelt."[8] Eine clevere und erfolgreiche Werbestrategie. Ein Trick, der die Namen der Monate des Jahres verwendet, um die Sache zu verwirren, aber im kollektiven Bewusstsein wird Joe immer der amerikanische Baseball-Superstar und Ehemann von Marilyn Monroe bleiben.

8 Aus einem Artikel von Rosario Spagnolello in Elle Decor.

Telefon **"Ericofon"**
Gösta Thames
ERICCSON 1956

*Ericofon wurde entwickelt, um ein praktisches und kosten-
günstiges Telefon zu sein, typisch für das skandinavische
Design, besonders in jenen Jahren. Die Tatsache, dass
es aus einem einzigen Stück gefertigt und in leuchtenden
Farben gestaltet war, trug zu seinem damaligen Erfolg bei,
der bis heute unter Sammlern weltweit anhält. Ein leicht
zu findendes Stück auf dem Gebrauchtmarkt, da eine hohe
Anzahl verkauft wurde.*

"Schwester, reichen Sie mir bitte das Kobra-Telefon, ich komme nicht dran."

Manchmal gibt es Objekte, die jahrelang die gleiche Form behalten, als ob es keine andere Möglichkeit gäbe. Dann plötzlich gelingt es etwas, die Regeln vollständig zu brechen und eine völlig andere Form zu konzipieren, die für alle unglaublich erscheint.

Es gibt Fälle, in denen die Merkmale eines idealen Designs, wie bereits erwähnt, in den Begriffen: Form, Ästhetik und Funktionalität, in einem einzigen Objekt zusammenkommen. Dies ist der Fall des Ericofons, ein Objekt, das einen Wendepunkt im Telefonentwurf darstellt.

Die Hersteller von Telefonen auf der ganzen Welt träumten immer davon, ein einzigartiges Objekt zu schaffen. Es sei darauf hingewiesen, dass das Ericofon ursprünglich für einen professionellen Markt konzipiert wurde.

Was seinen Namen betrifft, nannten ihn die Schweden zuerst "Cobra-Telefon" wegen seiner Form, die an die gleichnamige Schlange erinnert. Tatsächlich verdankt er seine besondere Form dem ursprünglichen Zielmarkt, nämlich den Krankenhäusern.

Im Krankenhaus wurde das Benutzen eines Telefons, bestehend aus Hörer und Gehäuse, im Bett zu einem wahren Albtraum, was die Idee zur Entwicklung eines einteiligen, kompakten und praktischen Telefons für alle inspirierte.

Im Jahr 1939 förderte der technische Direktor von Ericsson, Hugo Blomberg, einen Wettbewerb, bei dem die Teilnehmer aufgefordert wurden, ein Telefon mit einem einzigen Gehäuse zu entwerfen. Den Wettbewerb gewann Ralph Lysell, ein äußerst kreativer Designer, der mit seiner Idee alle überzeugte, vor allem durch die innovative Präsentation von Renderings und Tonmodellen. Zwei Jahre später war die Arbeit auf ihrem Höhepunkt, Lysell präsentierte schnell mehrere Skizzen und Modellvorschläge, als das Projekt unerwartet für acht Jahre gestoppt wurde.

Erst 1949 nahm Ericsson das Projekt wieder auf, aber in der Zwischenzeit hatte Lysell Ericsson verlassen und wurde durch Gösta Thames ersetzt, der weitere Renderings und Modelle erstellte. Gösta Thames erklärte in einem Interview in den 2000er Jahren, dass das Industriedesign immer ein großes Interesse für ihn gewesen sei, als er noch Student war, so dass er für das Telefonprojekt ausgewählt wurde, weil er ein Lautsprechertelefon entworfen hatte. Die genaue Kombination der verschiedenen Design-Elemente machte das Telefon zu einem attraktiven Objekt.

Gösta wurde beauftragt, das Entwicklungsprojekt zu leiten, eine Arbeit, die in ihren verschiedenen Aspekten mehrere Jahre dauern würde. Es dauerte eine Weile, bis die verschiedenen Komponenten in das Telefon integriert wurden, aber Thames war in diesem Punkt unerbittlich. Das Ericofon sollte keine an der Wand hängende Box zum Funktionieren benötigen, es sollte aus einem einzigen Stück bestehen.

Im Laufe der Zeit gelang es Thames zusammen mit seinen Kollegen, die Größe der verschiedenen Komponenten zu reduzieren, einschließlich des Transformators, so dass sie alle in das Gehäuse des Telefons passten.

Trotz der guten Voraussetzungen gab es von Anfang an ein Problem: Acrylite, das Material, das 1936 von Otto Rhom erfunden wurde, war zerbrechlich, kratzte und vergilbte im Laufe der Zeit.

Die Lösung kam nach zwei Jahren dank der Erfindung von ABS, einem glänzenden, widerstandsfähigen und farbigen Kunststoff. *"Mein Ausgangspunkt bei der Wahl einer Form war immer, dass das Telefon leicht zu greifen sein sollte. Es sollte leicht sein und sich in der Hand angenehm anfühlen. Man musste es auch im Dunkeln nah ans Ohr halten können."*

Die vielen Verbesserungen und ergonomischen Tests mit den Modellbauern von Ericsson führten schließlich zur endgültigen Form des einteiligen Telefons.

Sein einzigartiges Design, zusammen mit der Benutzerfreundlichkeit, den üppigen Farben und der hohen Verarbeitung, führte zu einem vollständigen Bruch mit den aus schwerem schwarzen Bakelit hergestellten Telefonen.

Mit seinem modernen Aussehen, seinen 18 verschiedenen Nuancen (es wurde nie in Schwarz hergestellt, da dies als zu düster angesehen wurde) und den Kampagnen in Hochglanzmagazinen blieb es fast dreißig Jahre lang erfolgreich und verkaufte mehr als zwei Millionen Exemplare.

Das "Cobra"-Telefon war auch das erste schwedische Telefon mit einem eigenen Namen und nicht nur einer

Nummer.

Dieses Detail machte den Unterschied: Das "Cobra"-Telefon wurde von den Menschen als Produkt wahrgenommen und nicht nur als einfache Funktionserweiterung des Telefons.

Tatsächlich war Ericofon nicht der ursprüngliche Name, den Ericsson verwendete. Gösta Thames sagte in einem Interview diese Worte: *"Die Leute, die an dem Projekt arbeiteten, nannten es Erifon, indem sie die ersten drei Buchstaben des Firmennamens mit dem griechischen Wort für Klang kombinierten, aber als wir versuchten, den Namen zu registrieren, stellten wir fest, dass er bereits für ein feuerfestes Produkt für Stoffe verwendet wurde. Also mussten wir einen anderen Namen finden. Das Ergebnis war "EriCOfon", wir fügten einfach "CO" in der Mitte hinzu, als Abkürzung für "Company".*

Der wahre Erfolg kam, als es auf dem amerikanischen Markt von North Electric eingeführt wurde.

Wie alle Telefone dieser Zeit war auch das Ericofon mit der klassischen Wählscheibe zum Wählen der Nummer und einer mechanischen "Klingel"-Glocke ausgestattet. Mit dem Aufkommen der ersten miniaturisierten Transistoren Ende der 1960er Jahre wurde das erste Modell mit einer Tweeter-Klingel (Zwitscher) anstelle der metallischen Glocken und mit Touch-Tone-Tasten zur Nummernwahl hergestellt. Aber ein Problem trat auf: Da der empfindliche Hakenknopf (der auf dem Foto zu sehen ist) der den Telefonwechsel von aus auf ein aktiviert, komplex und empfindlich war, verursachte das schwere Ablegen des Telefons Brüche im Wählgerät, was sehr teuer und schwer zu bekommen war.

1972 stellte North Electric die Produktion ein und verkaufte die Lagerbestände an Ceac, ein Unternehmen, das sie eine Zeit lang produzierte und dann nur noch reparierte.

Überall im Internet gibt es zahlreiche Fotos und Werbung aus dieser Zeit, die absolut sehenswert sind. Dieses Telefon ist auch heute noch ein fantastisches Beispiel dafür, wie Funktionalität, Ästhetik und technologische Innovation in einem einzigen Produkt auf natürliche Weise koexistieren können.

Als Beweis für einen nie verblassten Erfolg produziert Wild and Wolf heute einen Nachbau des Ericofons namens Scandiphone mit neu gestaltetem Hakenknopf und in einer Farbe, die es früher nicht gab, die aber heute sehr im Trend liegt: Schwarz.

Werbung für das Ericofon, die die Eigenschaften des Geräts zeigt, das mit nur einer Hand verwendet wird.

Der Hocker Sella besteht aus einem echten Fahrradsattel, der mit der klassischen Schnellspannklemme befestigt ist und auf einem Stahlrohr montiert ist, das in ein zweites rosa Rohr (die Farbe erinnert an das Trikot des Gewinners des Giro d'Italia) eingefügt ist, das von einer schweren halbkugelförmigen Kappe getragen wird, die ihm Stabilität verleiht.

"Wenn ich lange telefoniere, wird mir seekrank!"

Wenn wir auf ein Produkt stoßen, das ungewöhnlich oder seltsam erscheint, ist es wichtig zu verstehen, welche Ziele der Designer während des Entstehungsprozesses verfolgt hat. Dies hilft uns, den Zweck und die Bedeutung des Produkts besser zu begreifen.

Der Designer lässt sich oft von Gegenständen inspirieren, die für die meisten Menschen unbedeutend erscheinen. Diese Objekte werden während Reisen gesammelt oder zufällig auf Märkten oder in Kaufhäusern gefunden und anschließend in Schränken und Schubladen des Ateliers aufbewahrt, um sie gelegentlich in die Hand zu nehmen, zu studieren und sich für neue Projekte inspirieren zu lassen. In Mailand kann man in der Fondazione Achille Castiglioni das Studio besichtigen, in dem Achille über 60 Jahre lang gearbeitet hat, zunächst mit seinem Bruder Pier Giacomo und ab 1968 alleine.

Dieses einzigartige Museum ermöglicht es, durch die verschiedenen Räume zu spazieren und Projekte, Produkte und Prototypen zu betrachten, begleitet von engen Mitarbeitern oder sogar von seiner Tochter Giovanna, die seit Jahren das Lebenswerk ihres Vaters katalogisiert. In diesen Räumen kann man unter anderem auch einige Gegenstände sehen, die Achille ohne ersichtlichen Grund gesammelt hat – Objekte, die irgendwann einmal nützlich sein könnten oder sich in etwas anderes verwandeln lassen könnten.

Ein Rückblick in die Vergangenheit zeigt, dass der französische Künstler Marcel Duchamp im Jahr 1917 eine "Transformation des Gebrauchs" vornahm, als er ein echtes Keramikurinal bei einer Ausstellung als Fontaine präsentierte. Sein Ziel war es damals, die Rolle des Künstlers und der Kunst zu provozieren. Die Kritik und das Publikum distanzierten sich von diesem anstößigen Objekt, das nicht als Kunstwerk betrachtet werden konnte, schon allein weil es mit den Abfällen des menschlichen Körpers in Verbindung stand. Doch Duchamps Geste hatte Auswirkungen auf die gesamte nachfolgende Kunst, indem sie die Grenzen zwischen dem, was als Kunst definiert werden konnte, und dem, was als andersartig angesehen wurde, aufbrach.

Rund vierzig Jahre später nutzten die Brüder Castiglioni in Italien diesen "Ready-Made"-Ansatz, um alltägliche Gegenstände für andere Zwecke vorzuschlagen. Sie verwandelten zum Beispiel den Sitz eines Traktors in einen Hocker, der Scheinwerfer eines Autos wurde zu einer Stehlampe namens Toio und ein Fahrradsattel wurde zu einer ungewöhnlichen Sitzgelegenheit namens "Sella". Die Castiglionis nahmen bereits vorhandene Gegenstände mit einer bestimmten Funktion und fügten ihnen eine intuitive Note hinzu, um elegante, fantasievolle und funktional erneuerte Designobjekte zu schaffen.

Die Sella wurde als "dissuasiver" Telefonhocker konzipiert, wobei bestehende industrielle Elemente wie ein echter Fahrradsattel, die Sattelstütze und die Schnellspannklemme verwendet wurden. Eine auf den ersten Blick wenig kohärente Sitzgelegenheit erweist sich bei genauerer Betrachtung als sehr durchdacht. Ich erkläre es. Ende der 1950er Jahre war das Telefon in fast jedem Haushalt vorhanden (und es gab sicherlich nicht mehr als eines). Oft befand sich das Telefon in den Fluren auf Kopfhöhe, ohne die Möglichkeit, sich zu setzen. Da das Telefonieren sehr teuer war, erinnerten alle Eltern (meine eingeschlossen), die die Rechnungen bezahlten, ihre Kinder daran, dass Telefonieren dazu diente, schnelle Informationen auszutauschen und nicht, um Freunden lustige Anekdoten zu erzählen.

Da diese Ermahnungen meist auf taube Ohren stießen, hat Achille als Designer und aufmerksamer Beobachter der Menschen möglicherweise das Problem auf andere Weise angegangen. Er entwarf einen Hocker, der subtil zum Hinsetzen einlud, aber aufgrund seiner wackeligen Konstruktion (und damit einer unbehaglichen, langfristig unkomfortablen Sitzposition) lange Gespräche entmutigen sollte. Genial, oder?

Der Zweck des Designs macht aus einem scheinbar wenig brauchbaren Projekt aufgrund seiner Instabilität einen Pluspunkt. Um ein Designobjekt richtig zu bewerten, ähnlich wie bei einem Kunstwerk, ist es daher wichtig, die Beweggründe zu verstehen, die zu diesem Ergebnis geführt haben.

Sofa "Marshmallow"
Irving Harper
HERMAN MILLER 1956

Für die Form, die einer geöffneten Waffelplatte sehr ähnlich ist, seine Farben und den lustigen Namen schien das
Sofa der Vorläufer der Pop-Art-Ära zu sein. Die von einer
schlanken Stahlkonstruktion getragenen Kissen scheinen in
der Luft zu schweben. Als es 1956 zum ersten Mal auf den
Markt kam, schuf die kühne Linie, die leicht zu reinigenden
Oberflächen und die fast unsichtbare Struktur von Marshmallow einen starken und offensichtlichen Kontrast zu
den sperrigen, staubsammelnden Sofas mit schweren Pol-
stern, die damals die meisten Wohnzimmer dominierten.

"George, willst du ein Kissen probieren?"

Die Beziehung zwischen einem Designer und seinen Kreationen ist sehr intim und oft einzigartig. Alles beginnt, wenn der Designer auf ein faszinierendes Objekt stößt, das seine Neugier weckt und aus dem eine einzigartige und originelle Idee entsteht, die noch niemand zuvor hatte.

George Nelson war ein amerikanischer Designer, der von vielen als einer der Gründer des Modernismus im Design angesehen wird, einer Bewegung, die in den 1920er und 1930er Jahren aufkam, bei der Innovation und Ästhetik harmonisch zu einer Einheit verschmolzen. Als Chefdesigner für das Möbelunternehmen Herman Miller schuf er futuristische Möbel für seine Zeit und konnte auf die Zusammenarbeit mit talentierten Designern wie Irving Harper zählen.

Irving, der im Alter von 99 Jahren starb, erzählte eine interessante Anekdote darüber, wie an einem Wochenende die Idee für ein sehr berühmtes Sofa entstand, das den meisten als Marshmallow bekannt ist, aufgrund der ungewöhnlichen Form der Kissen, die den gleichnamigen runden und bunten Süßigkeiten ähnelten.

Im Frühjahr 1954 schickte ein Unternehmen aus Long Island, das Schaumstoff herstellte, runde Stücke mit einem Durchmesser von 12 Zoll, um sie vorzustellen. Als die Kisten geöffnet wurden und Irving die runden Schaumstoffkissen betrachtete, begann er zu überlegen, wofür sie nützlich sein könnten, und stellte verschiedene Hypothesen auf. Schließlich hatte er eine bahnbrechende Idee und versuchte, Georges Aufmerksamkeit zu erregen, der im Nebenzimmer arbeitete.

Während er versuchte, in eines der Kissen zu beißen, sagte er lächelnd: *"George, willst du einen Chamallow? (Eine Art gummiartiger Süßigkeit, die von Haribo hergestellt wird). Ich versichere dir, sie sind weich und ziemlich geschmeidig, mit einem köstlichen und zuckrigen Geschmack."* Georges Antwort ließ nicht lange auf sich warten: *"Bevor du sie alle aufisst, musst du eine Struktur entwerfen, die diese riesigen Kissen halten kann."*

"Wie wäre es mit einem runden Hocker?"

George antwortete sofort: *"Nein, du musst größer denken. Stell dir 10 oder 20 Kissen vor, wie die Marshmallows. Ich überlasse dich deinen Gedanken. Bis Montag."*

Irving konzentrierte sich auf die Formen dieser großen Kissen und entwarf an diesem Wochenende ein Sofa mit einer ziemlich ungewöhnlichen Form und einem noch lustigeren Namen: Marshmallow. Ein Designobjekt, das dazu beigetragen hat, die Geschichte des weltweiten Designs zu schreiben.

Nur zwei Jahre nach dieser ersten Lieferung begann die Produktion. Der einzige Nachteil dieser Geschichte war, dass die Kissen sehr teuer waren und ihre Montage viel Zeit in Anspruch nahm. Trotz eines guten Produkts waren die Verkaufszahlen niedrig, nur 186 verkaufte Stücke. Der Misserfolg war nahe bei so geringen Verkaufszahlen, und die Produktion musste eingestellt werden.

Harper sagte dazu: *"Das Sofa sollte ein Scherz sein, eine Art Spielerei, weil ich noch nie etwas gemacht hatte, das so besonders aussah. Aber es gefiel und wurde sofort prototypisiert. Das einzige Problem war, dass das Kunststoffunternehmen, das uns die Kissen lieferte, nicht in der Lage war, sie in Serie zu produzieren, wie wir es wollten. Das wurde zu einem Kostenproblem, weil sie praktisch alle von Hand gefertigt werden mussten. Anstatt sich auf das Sofa zu konzentrieren, musste man 18 dieser verdammten Kissen für nur ein einziges Sofa herstellen. Es war die Hölle, aber es gab damals keinen anderen Weg. Es stellte sich als teurer heraus, als wir erwartet hatten, was lächerlich war. Das erklärt, warum Herman Miller weniger als 200 Stück produzierte."*

Man musste bis in die 1980er Jahre warten, um dank neuer Technologien eine effizientere Produktion zu optimieren. Als es wieder auf den Markt kam, war es ein echter Erfolg.

Ein Wort zur Urheberschaft (das Sofa wurde immer als eine Schöpfung von Nelson betrachtet): Die meisten wissen nicht, dass Harper in einem Interview sagte: *"Georges Einstellung war, dass die Urheberschaft eines Objekts immer dem Unternehmen zugeschrieben werden sollte, nicht der Einzelperson. Ich bin George dankbar für das, was er für mich getan hat. Während er lebte, habe ich keine Ansprüche gestellt. Aber jetzt, wo er nicht mehr da ist, ärgert es mich ein wenig, wenn das Marshmallow-Sofa als 'Design von George bezeichnet wird. Ich gehe nicht aktiv hinaus, um der Welt zu sagen, wer es entworfen hat, aber wenn mich jemand fragt, wer es entworfen hat, bin ich durchaus glücklich, es zu sagen."*

Persönlich kam mir ein bisschen bösartig in den Sinn: *"Nun, leicht, das nach Nelsons Tod zu behaupten..."* Aber zu diesem und anderen Punkten gab es zahlreiche Zeugnisse aus Georges Nelsons Studio, insbesondere von Hilda Longinotti ("die Frau auf dem Marshmallow-Sofa"), die den Vorfall bestätigte und über das berühmte Sofa sagte: *"Das Studio hatte nicht viel Geld, um ein professionelles Model zu bezahlen. Ich war jung, hübsch, fotogen und verfügbar. So wurde ich Georges Muse, wenn sie jemanden brauchten, der auf etwas saß."*

George Nelson und Irving Harper 1965
(Eigentum von House & Garden)

*Hilda Longinotti, die "Frau auf dem Marshmallow-Sofa" Mitte
der fünfziger Jahre.
(Eigentum von Herman Miller)*

*Hilda Longinotti während eines Interviews 1999
(Eigentum von Herman Miller)*

Wiederverwendbares "FireBird"
Guido Venturini
ALESSI 1993

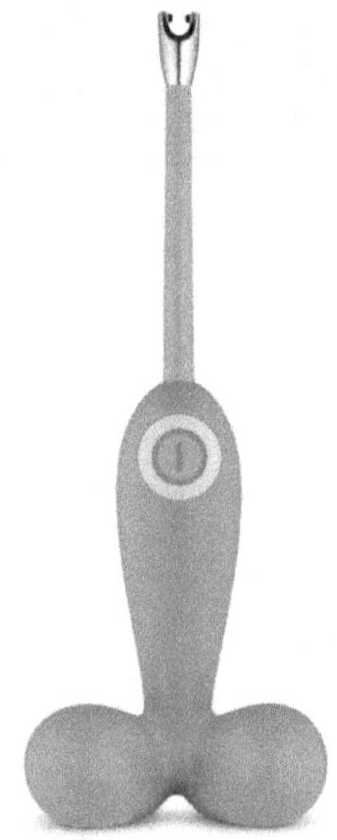

Wiederverwendbares Lichtbogenfeuerzeug, hergestellt aus
farbigem thermoplastischem Harz, mit einem Kopf aus
Aluminium, der den elektrischen Funken erzeugt. Es funktio-
niert ohne entzündliche Flüssigkeiten und erzeugt keine
Flamme, sondern einen kleinen elektrischen Funken, um das
Gas zu entzünden.
Ist *Firebird* ein kitschiges Objekt? Entscheiden Sie selbst...

"Zündet...?Die Leidenschaft auf jeden Fall"

"Ein Objekt mit einer ungewöhnlichen Form zu entziffern, gleicht dem Lösen eines stilistischen Rätsels. Jedes Detail kann eine kulturelle Botschaft des Autors verbergen, und es liegt an uns, den tieferen Sinn zu enthüllen. Dieser faszinierende Prozess hilft uns, Design und Kunst besser zu verstehen.

Zwischen einem Künstler und einem Designer gibt es einen tiefen Unterschied. Der Künstler ist nicht darauf bedacht, ein Objekt zu schaffen, das vielen Menschen gefällt. Sein Ziel ist es, seine persönliche Vision zu kommunizieren und weniger darauf zu achten, ob er Gefallen findet, sondern eher eine Botschaft zu vermitteln. Der Designer hingegen muss mehr Faktoren berücksichtigen und kann sich nicht darauf beschränken, durch ein Objekt nur seine eigene Vision auszudrücken.

In diesem Zusammenhang möchte ich über den Bolidismus sprechen, eine Bewegung, die von Guido Venturini, Jahrgang 1957, Architekt, Designer und Maler, gegründet wurde. Die Bewegung wurde 1986 mit dem Ziel gegründet, durch dynamische, leicht gebogene und leichte Formen Emotionen zu vermitteln.

Venturini arbeitete zunächst mit Stefano Giovannoni zusammen, und gemeinsam gründeten sie die King Kong Production. Durch diese Zusammenarbeit entstanden einige ihrer ikonischen Objekte, von denen viele zur Marke Alessi gehören, wie zum Beispiel Girotondo, ein Korb aus spiegelndem Stahl, der von kleinen Männchen umgeben ist, die sich an den Händen halten. Das stilisierte Männchen erinnert an die Kindheit und war ein großer Erfolg, der bis heute anhält.

Die King-Kong haben in vielen ihrer Arbeiten ein gewisses Interesse an spontanen Gegenständen gezeigt, eine Reihe von sympathischen Objekten, die man zu Hause haben möchte.

Die Einführung von so unterschiedlichen und überraschenden Objekten auf dem Markt löste eine Reihe von Kritiken seitens der snobistischen Gutmenschen aus, die sie als banal abtaten, nur um dann von einer begeisterten Welle von Käufern widerlegt zu werden, die ihre Küchen mit frechen Kobolden und fantasievollen Gegenständen bevölkern wollten, die wie aus dem Film 'Alice im Wunderland' stammten.

Ihr Versuch bestand darin, das Design der Populärkultur näher zu bringen, indem sie einfache Objekte schufen.

In diesem Zusammenhang war die Kreation von Girotondo ein Volltreffer, der sogar die Erwartungen des Marketings übertraf. Neben Girotondo gibt es viele weitere Kreationen, darunter Gino Zucchino und Firebird.

Ersteres repräsentiert ein wenig den Archetyp der Kobolde, eine Zuckerdose mit Dosierer, deren Formen stark an Comics erinnern, ein Objekt, das allein schon beim Anblick ein Lächeln und Freude hervorruft.

Gino Zucchino, geboren 1993, mit seinen großen Augen und dem breiten Lächeln, lässt jeden ein bisschen Kind sein und sorgt für unbeschwerte Momente beim Frühstück oder beim Kaffeetrinken.

Firebird hingegen ist ein Gasanzünder, der von puritanischen Köpfen als Kitsch-Objekt etikettiert wurde. Dieses Wort stammt aus dem Deutschen und bezeichnet etwas Geschmackloses.

Ich glaube, dass innovatives Design, allein schon durch seine Form, nicht als Kitsch betrachtet werden kann. Ein Kitsch-Objekt kopiert normalerweise ein anderes, gut erkennbares Objekt oder ein Kunstwerk. Hätte der Gasanzünder die Form des Eiffelturms nachgeahmt, könnte man ihn zu Recht zu den geschmacklosen Objekten zählen.

Firebird ist jedoch kein Kitsch, weil hinter seiner Schöpfung ein Gedanke steht, bei dem die Form in gewisser Weise die Funktion selbst übertrifft.

Venturini kam aus der Welt der Comics, und wahrscheinlich brachte ihm die Erfahrung in diesem Bereich die Idee, eine provokative Plastikskulptur zu schaffen, die an einen Phallus erinnert.

Firebird entstand 1993 in einem kreativen Workshop, bei dem die kommunikative Dimension von Objekten untersucht wurde, einschließlich ihrer Fähigkeit, zu überraschen und zu berühren, um direkt mit den Menschen in Beziehung zu treten.

Mit der Zeit wurde er zu einer echten Ikone, dank seiner subtilen, aber gleichzeitig expliziten Anspielung. Man denke nur daran, dass er, als er aus der Produktion genommen wurde, von Sammlern gesucht wurde, die bereit waren, hohe Summen zu zahlen, um ihn in ihre Sammlung aufzunehmen.

Man könnte ihn als eine kleine, ironische und freche Skulptur definieren, die man zu Hause haben kann, und die man bei Bedarf auch als Gasanzünder verwenden kann.

Auch wenn er heute einfach erscheint, müssen wir bedenken, dass hinter seiner Schöpfung viel Mut steckt, insbesondere von Seiten des Produzenten, der ihn auf den Markt brachte, ohne zu wissen, ob er ein Erfolg oder ein großer Flop sein würde.

Die kreative Entstehung dieses speziellen Objekts ist nicht bekannt.

Ich stelle mir gerne vor, dass sein Schöpfer Guido eines Abends, während er das Abendessen zubereitete, verzweifelt nach dem Gasanzünder suchte und ihn nicht finden konnte. Nach einer Weile gab er die Suche auf und machte einen kurzen Boxenstopp im Badezimmer.

Während er seiner Pflicht nachkam, kam ihm vielleicht die erleuchtende Idee aus einer offensichtlich sehr kreativen und provokativen Lösung: Er konnte ein Objekt schaffen, das sich von allen anderen unterschied und das nicht unbedingt in der Hose versteckt werden musste, sondern stolz auf einem Regal in der Küche stehen konnte, in Erwartung eines Kommentars.

Lasst meiner Fantasie freien Lauf... denn ich glaube, dass ein solches Objekt nur aus einer provokativen, dann genialen Intuition entstanden sein kann...”

Girotondo

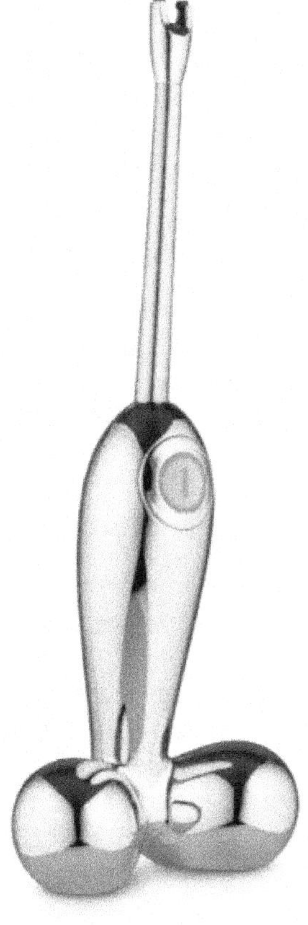

Gino Zucchino

Gold Firebird

Die Tulip-Sitze sind Teil der Kollektion, die Eero Saarinen 1957 für Knoll entwarf. Tulip perfektioniert die Designregeln dank der Idee, anstelle der klassischen vier Beine einen großen zentralen Fuß zu haben. Dafür verwendete Saarinen zunächst Glasfaser und später Kunststoff.

"Zum Teufel mit diesen Jungs, die keinen Tropfen Alkohol vertragen"

Die Fähigkeit, scheinbar unmögliche Objekte wie einen Stuhl ohne Beine zu konzipieren, ist beeindruckend. Um jedoch komplexe Bedürfnisse zu erfüllen, sind mutige Ideen und außergewöhnliche Lösungen erforderlich, zusammen mit einer absoluten Hingabe an die eigene Arbeit.

Eero Saarinen gewann seinen ersten Designwettbewerb im Alter von 12 Jahren, dank der Illustration einer Geschichte mit Streichhölzern für eine schwedische Zeitung, was ihm einen Preis von 30 Kronen (etwa 80 Euro) einbrachte. Im Jahr 1956 beschrieb ihn ein Artikel im Time Magazine als eine "Batterie voller unerschöpflicher Energie".

Eero, der später Architekt wurde, wuchs in einem Umfeld auf, in dem Design allgegenwärtig war, dank seines Vaters, einem bekannten Architekten, und seiner Mutter, einer renommierten Bildhauerin und Textilgestalterin mit großem Talent. Man kann sich vorstellen, wie dieser Junge unter dem Zeichentisch seines Vaters spielte oder die Kreativität seiner Mutter beobachtete. Mit zwölf Jahren zeichnete er Akte, und nur wenige Jahre später, mit zwanzig, entwarf er die Inneneinrichtung für die Projekte seines Vaters in Cranbrook.

Er gewann zahlreiche Preise und erhielt sogar eine Medaille zur Würdigung der vielen Auszeichnungen, die er erhalten hatte. Seine akademischen Studien schloss er, wie zu erwarten, mit Auszeichnung ab. Obwohl seine architektonischen Werke viele Anerkennungen erhielten und ihm 1956 sogar das Titelbild des Time Magazine einbrachten, sind es seine Möbel, die im 20. Jahrhundert am meisten gefeiert wurden.

Der Tulip Chair ist eines dieser Stücke. Mit seiner Form erinnert er sowohl an eine Blume als auch an ein Stielglas. Dieser Stuhl wurde entwickelt, um hauptsächlich das Problem der Unordnung zu lösen. In einem Interview erklärte der Designer seine Beweggründe für das Projekt: *"Der Bereich unter Stühlen und Tischen in einer typischen Wohnung ist hässlich, unordentlich und unruhig. Ich wollte die Slums der Beine aufräumen. Ich wollte den Stuhl wieder als ein Ganzes sehen; wir haben Stühle mit vier Beinen, mit drei und mit zwei, aber niemand hat einen mit nur einem Bein gemacht, also machen wir einen."*

Saarinen entwarf den Tulip Chair mit nur einem Bein, das die Form und Funktion eines Sockels hat. Dadurch schuf er eine harmonischere Umgebung, ohne dass es zu viel Beinkongestion zwischen Stühlen, Tischen und Hockern gab. Der Stuhl bündelte Saarinens Bemühungen, einen Stuhl aus nur einem Material zu schaffen, was seinem Designkonzept "ein Stück, ein Material" entsprach.

Damals war es nicht möglich, ein Stück aus einem einzigen Material herzustellen, was zu einigen Verzögerungen führte. Der Sockel wurde aus Metall gegossen, da die Technologien der Zeit es nicht erlaubten, dass Kunststoff die notwendige Festigkeit hatte, um eine sitzende Person zu tragen. Die Sitzfläche aus Glasfaser sieht so aus, als bestünde sie aus einem einzigen Material, wird aber tatsächlich von einem Aluminiumstiel gestützt und mit einer Kunststoffbeschichtung versehen.

Saarinen vollendete die gesamte Kollektion 1956, die den Stuhl, Tische und einen Hocker umfasst. Das Designpatent für den Tulip Chair wurde am 7. Juni 1960 eingereicht. Dies war seine letzte Kreation, denn ein Jahr später verstarb er.

Obwohl er nicht mehr da ist, hat er uns ein großes Erbe und seine Zukunftsvision hinterlassen, die ihn überlebt hat. Die Hingabe, die er seiner Kunst zeigte, wird in einer legendären Anekdote zusammengefasst: Am frühen Morgen des Silvestertages, als er sein Studio betrat, war er fassungslos, weil außer seinem Assistenten niemand da war. Er rief verärgert: *"Wo zum Teufel sind alle?"* und der einzige Anwesende antwortete: *"... aber es ist der 1. Januar und es ist Feiertag ..."* und er entgegnete ohne zu zögern: *"Zum Teufel mit diesen Jungs, die keinen Tropfen Alkohol vertragen!"*

Tolix, aus dem Französischen Tole, bedeutet Blech, in unserem Fall Eisen, das durch ein galvanisches Verfahren mit flüssigem Zink überzogen wird. Diese Behandlung macht das Metall rostfrei. Heute ist es im MOMA in New York und im Centre Pompidou in Paris ausgestellt. Es wird noch heute verkauft.

"Papa, hast du noch etwas Zink übrig?"

Die Beherrschung verschiedener Produktionstechniken verleiht dem Designer eine außergewöhnliche Macht: die Fähigkeit, bahnbrechende Objekte zu schaffen, die mit der Zeit im Einklang stehen und die Kommerzialisierung und den Fortschritt fördern können.

Wahrscheinlich kennst du den Namen dieses Stuhls nicht, aber du warst sicherlich schon einmal in einem Lokal mit einer Terrasse im Freien und hast wahrscheinlich schon auf diesem Stuhl gesessen.

Sein Name ist *Marais A Chair* oder einfach Tolix. Man könnte ihn als einfachen, soliden und stapelbaren Stuhl bezeichnen. Es handelt sich um die Erfindung des kreativen Genies des Sohnes eines Dachdecker-Zinkers aus dem Burgund, Xavier Pauchard, geboren 1880, der die wirklich wegweisende Idee hatte, sich für das chemische Verfahren zum Schutz von Blech (für Dächer) vor Korrosion zu interessieren. Die Entdeckung geht auf das Jahr 1742 zurück, wurde jedoch in den folgenden Jahren wenig genutzt. Er begann, sie in seinem Garten zu experimentieren, nachdem ihm ein technisches Handbuch auf Englisch zugeschickt wurde, das seine Tochter für ihn übersetzte.

Diese neue Technik ist wichtig, da sie erklärt, wie man Eisenobjekte durch ein Bad in geschmolzenem Zink bei 450°C vor Oxidation schützen kann. Xavier verbrachte

Jahre damit, seine Beherrschung der Eisenverarbeitung und später des Stahls zu perfektionieren, bis er in der Lage war, es in jede gewünschte Form zu bringen. Dann entschied er sich, eine Fabrik zur Herstellung von Haushaltsartikeln in Übereinstimmung mit der gerade entdeckten oder besser gesagt perfektionierten Innovation zu gründen.

Mitte der 1920er Jahre gelang es ihm, ein sehr nützliches Produkt für diejenigen zu schaffen, die Stühle im Freien nutzten, genannt "Tolix Chaise". Bis dahin nutzten öffentliche Einrichtungen Outdoor-Stühle aus dampfgebogenem Holz (die Thonet-Stühle), die wir bereits kennengelernt haben. Obwohl sie leicht, stapelbar und scheinbar perfekt waren, hatten sie ein großes Problem: Sie waren wasserempfindlich und mussten im Laufe der Jahre zwangsläufig ersetzt werden, was den Betreibern erhebliche Kosten verursachte. In kurzer Zeit wurde er der führende Hersteller von Haushaltsartikeln aus verzinktem Blech im Burgund. Xavier Pauchard ließ 1927 die Marke Tolix eintragen, um seine wachsende Produktion von Metallmöbeln zu beherbergen, die von Sesseln bis zu Hockern reichte.

Die Tolix war eine echte Revolution: Sie war nicht nur schön, robust und leicht, sondern hatte auch einen weiteren Trumpf: Sie rostete nicht, da das Metall zuvor mit dem Verfahren galvanisiert wurde, das sein Vater bei den Hausdächern verwendete.

Bald eroberte die Tolix sowohl Innen- als auch Außenbereiche von Bars, Terrassen, Parks und unzähligen öffentlichen Orten. Tatsächlich hatte das Material, aus dem sie gefertigt wurde, verzinktes Blech, feuerfeste und hygienische Eigenschaften, die sie zur perfekten Wahl machten.

Gestanzt, gebogen und dann geschweißt, mit ihrer gebogenen Rückenlehne und der berühmten ornamentalen Palmette, diesen lustigen runden Füßen vorne, hohl hinten und leicht ausgestellten, um das Stapeln zu erleichtern, erfordert sie etwa hundert Arbeitsschritte, die jede Kopie einzigartig machen.

Es war ein echter Erfolg. In kurzer Zeit war der Stuhl überall zu finden. Neben den oben genannten Eigenschaften passte er dank seiner 50 verschiedenen Farbtöne gut zu jeder Einrichtung.

Es ist unmöglich, sich von einem Tolix-Stuhl zu trennen. Das verzinkte, sorgfältig bearbeitete und lackierte Metall ist widerstandsfähig gegen alles: Zeit, schlechtes Wetter und sogar Transport. Es gibt nicht viele Design-Ikonen, die überall, wo sie sich befinden, so aussehen, als wären sie genau für diesen Ort entworfen worden, aber der Stuhl A ist eine davon.

Pauchard machte 1952 eine Wette mit einem Restaurantbesitzer, der ihm herausfordernd sagte, dass seine Stühle zu sperrig seien und dass er niemals mehr als 2 stapeln könnte.

Im folgenden Jahr modifizierte Xavier die Struktur des Sitzes und schaffte es, eine spezielle Geometrie zu entwickeln, bei der 25 Stühle des Modells "A" perfekt in einen etwas mehr als 2 Meter hohen Schrank passten. Die Wette war gewonnen.

Wenn du so einen Schrank zu Hause hast, dann staple alle Stühle hinein und jetzt brauchst du nur noch einen Tisch für 25 Freunde. (In den Schrank passt er nicht...)

Tischlampe "KD27"
Joe Colombo
KARTELL 1961

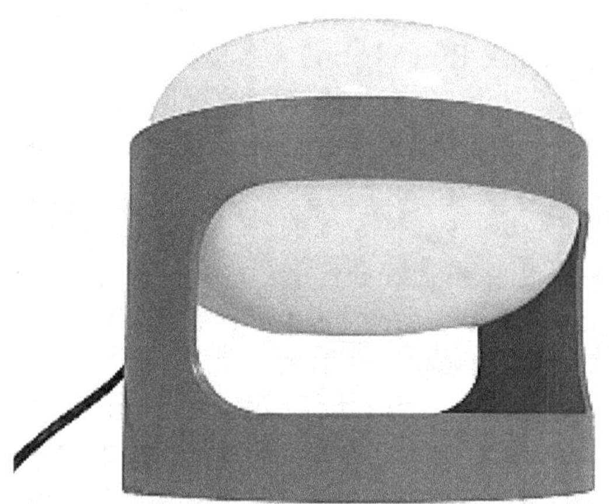

Ein hohler Zylinder aus ABS-Kunststoff trägt eine doppelte kreisförmige Haube, die die Glühbirne abschirmt. Eine Tischlampe, die in die Geschichte des italienischen Designs und der Produktion von Kartell eingegangen ist.

"Noooo, schneid das nicht durch!! Gino ist empfindlich"

Die Beherrschung verschiedener Produktionstechniken verleiht dem Designer eine außergewöhnliche Macht: die Fähigkeit, bahnbrechende Objekte zu schaffen, die mit der Zeit gehen und die Kommerzialisierung sowie den Fortschritt fördern können.

Die Brüder Castiglioni, Achille und Giacomo, griffen in einem bestimmten historischen Moment ihrer zahlreichen Projekte auf vorhandene Objekte zurück und gestalteten sie für eine andere Nutzung neu. Mitte der 1950er Jahre wurde diese Denkweise als Ready-Made bezeichnet, was "Gebrauchsfertig" bedeutet. Ein Gedanke, der in diesen Jahren aufkam, aber in einem reinen Akt der Kreativität wurzelt. In diesem Fall handelt es sich jedoch weder um ein "Zitat" des Objekts noch um eine Kopie, sondern um eine Neuinterpretation durch einen Designer und einen Unternehmer.

Joe Colombo, mit bürgerlichem Namen Cesare, wurde im Jahr 2000 als "Prophet des Designs" bezeichnet und war zweifellos einer der brillantesten Designer der Welt. Ein Mailänder Künstler und Designer, geboren 1930, der 1971 im Alter von nur 40 Jahren früh verstarb und ein enormes konzeptionelles Erbe für seine Nachfolger hinterließ. Joe interessierte sich zunächst für verschiedene künstlerische Projekte, bevor er sich der avantgardistischen Malerei und Skulptur zuwandte und schließlich zu Alltagsgegenständen überging. Er entdeckte, dass Design vor allem, wie er es nannte, "die Vorstellung des Möglichen" ist. Bereits in den 1960er Jahren erkannte er die Veränderungen, die der technologische Fortschritt im täglichen Leben mit sich bringen würde, und schuf eine Reihe von Objekten, die sowohl in Form als auch in Substanz noch heute unglaublich sind.

Den Großteil dessen, was von ihm erhalten blieb, verdanken wir seiner jungen Assistentin Ignazia Favata, die im Laufe der Jahre alles Material von Colombo katalogisierte und es für jedermann zugänglich machte. In Bezug auf Joe's Genialität und Weitsicht erzählt Favata, Autorin vieler Texte über Colombo, dass er ihr während einer Reise in die Vereinigten Staaten mit Gae Aulenti sagte, dass wir in Zukunft alle ein Telefon in der Tasche haben würden und dass auch die Arbeit sich ändern würde und es uns ermöglichen würde, von zu Hause aus zu arbeiten. Gae schaute ihn mit einem verwirrten Blick an, aber Joe fügte hinzu, dass der Designer nicht mehr allein mit seinem Bleistift zeichnen würde, sondern in Zusammenarbeit mit Technikern, Ärzten, Wissenschaftlern und Professoren, ohne dabei auch ein elektronisches Gehirn in naher Zukunft zu vergessen.

Wenn man sich heute die von Joe Colombo entworfenen Objekte ansieht, bleibt man sprachlos über die Weitsicht ihres Schöpfers. Es spielt keine Rolle, ob es sich um einen Stuhl, eine Lampe oder eine Vision handelt, es ist klar, dass er das außergewöhnliche Talent hatte, Ideen eine neue Form zu geben. Joe erfand in gewisser Weise die Zukunft, interessierte sich für Mechanik und Autos und hatte eine große Neugier für alles Neue, einschließlich Materialien.

Die grundlegende Idee hinter den besten Projekten von Colombo war es, eine Umgebung zu schaffen, die sich den Bedürfnissen der Menschen anpasste und nicht umgekehrt. Colombo wird immer als eleganter und charmanter Mann beschrieben, der seine Designvorstellung durch die Verwendung von Materialien und futuristischen Formen ausdrückte. Er schuf anpassungsfähige, flexible Objekte, deren Formen weich, geschwungen und ohne Ecken waren. Alles, was er entwarf, wurde in gewisser Weise ikonisch durch die neue Form, die er ihm gab. Colombo beschränkte sich nicht nur auf Objekte, sondern schuf auch einen völlig neuen Lebensstil.

Seine Arbeiten zur Modularität sind revolutionär, wo das Konzept "alles in einem" aufgegriffen wird. So entstanden Fernseher, die aus Decken herausfahren, drehbare Wände mit integrierten Minibars, Steuerpulte, um verschiedene elektronische Geräte zu bedienen und sogar Telefonate zu führen! All dies galt auch für seine Lampe, die KD27, eine Art Rohr mit einer leuchtenden Kugel im Inneren, die aus einer ersten Ready-Made-Operation entstand, die die

Brüder Castiglioni kurz danach aufgriffen.

Giulio Castelli, der Gründer von Kartell, erzählte, dass er Joe Colombo eines Tages dabei beobachtete, wie er den Schirmständer von Gino Colombini im Showroom von Kartell in Noviglio betrachtete. Er untersuchte ihn aus allen Winkeln, hielt ihn in der Hand und drehte ihn herum, ohne ein Wort zu sagen. In diesem Moment stellte er sich etwas anderes vor. Tatsächlich schlug Colombo ihm nach einiger Zeit vor, seine Lampe, die KD27, zu produzieren, die nichts anderes war als der halbierte Schirmständer von Colombini mit einer internen Beleuchtung. Niemand weiß es, aber was denken Sie, was Gino dachte, als er seinen Schirmständer zersägt und mit einer Glühbirne darin wiederverkauft sah...? Colombini äußerte sich nie dazu.

Giulio Castelli (Kartell)

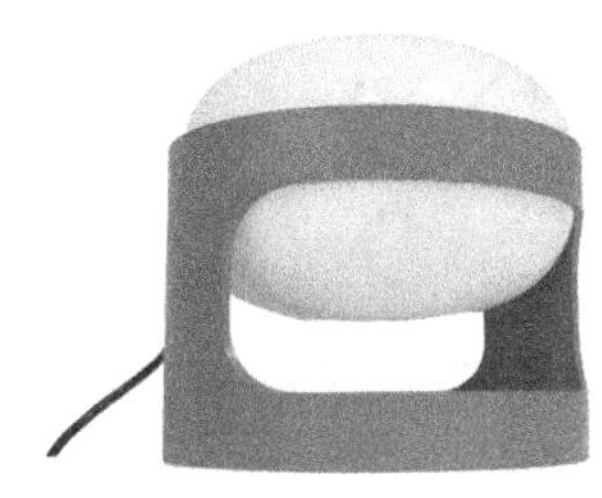 

Lampe KD27 Kartell von Joe Colombo

Der Schirmständer Kartell von Gino Colombini

Der 1006 Navy Chair ist ein Stuhl, der aus recyceltem Aluminium gegossen und in einem Stück geschweißt wird, wodurch er eher wie eine Skulptur als wie eine Sitzgelegenheit aussieht. Es gibt keine Schrauben, keine Bolzen oder Verbindungen, alle Schweißnähte sind nahtlos.

"Joker, setz deinen Hintern auf diesen Stuhl!!"

Die Streitkräfte im Allgemeinen benötigen ehrgeizige Projekte, um die Effizienz und Sicherheit der Ausrüstung unter extremen Bedingungen zu gewährleisten, und diese Technologien führen oft zu Verbesserungen bei Alltagsgegenständen in unseren Haushalten.

Während der ersten Tage des Zweiten Weltkriegs wurde die USS Vincennes in Brand gesetzt, als die Granaten den Hangarraum erreichten. Der Schaden wäre nicht tödlich gewesen, wenn nicht die Farbe, die Gegenstände und die Schwimmwesten das Feuer größtenteils genährt hätten, den Himmel erhellten und das feindliche Feuer anzogen. In den frühen Morgenstunden des 9. August 1942 sank die Vincennes in den Gewässern nahe der Insel Savo im Südpazifik.

Es gab weitere ähnliche Verluste, die die US-Marine dazu veranlassten, eine Kampagne zur Entfernung brennbarer Gegenstände von Kriegsschiffen zu starten. Es wurde eine neue Vorschrift erlassen, die die Isolierung mit Kork, Linoleumböden, Teppiche und Vorhänge verbot, gefolgt von einer Liste verschiedener Gegenstände, die die Matrosen mit sich führten. Im Wesentlichen sollte es nichts Überflüssiges geben, das Feuer fangen konnte. Es war jedoch nicht ganz einfach, alle Gegenstände zu entfernen, wie zum Beispiel Holzstühle oder -bänke.

Dies war die Gelegenheit für eine Ausschreibung für einen neuen Marinesitz, eine Gelegenheit, die die Aufmerksamkeit eines jungen Ingenieurs aus Baltimore, Wilton Dinges, auf sich zog.

Die Sitze mussten folgende Eigenschaften aufweisen: Wasserfestigkeit, Haltbarkeit, Leichtigkeit und Korrosionsbeständigkeit, ohne magnetische Störungen mit den Bordsystemen oder externen Systemen zu verursachen. Mit Hilfe des Aluminiumherstellers Alcoa gelang es Dinges, das Modell 1006 mit einem Gewicht von 7 Pfund zu entwickeln. Aufgrund des Krieges und der Schwierigkeiten bei der Materialbeschaffung konnte er jedoch nur mit weichem Aluminium aus recyceltem Schrott arbeiten.

Was zunächst als Nachteil erschien, erwies sich als Vorteil, denn die Verwendung von weichem Aluminium erleichterte die Herstellung der hinteren Krümmung des Stuhls, der sich verjüngenden Beine und der besonderen Form.

Einige behaupten, dass diese Form von den Kurven des Gesäßes der berühmten Tänzerin und Model Betty Grable (1916-1973) inspiriert wurde.

Dinges gelang es, das Aluminium mit einer Reihe von Wärme- und Säurebehandlungen zu behandeln, wodurch es dreimal härter als Stahl wurde.

Ein Emeco-Stuhl ist nicht billig, wenn man die 77 Schritte berücksichtigt, die zu seiner Herstellung erforderlich sind. Heute liegt der Preis für einen satinierten Stuhl bei etwa 800 Euro und über 1000 Euro für einen glänzenden.

Um der Marine die Stärke und Widerstandsfähigkeit des 1006-Stuhls zu demonstrieren, führte Dinges eine Demonstration in einem Hotelzimmer im achten Stock in Chicago durch. Nach einem Sturz aus dieser Höhe landete der Stuhl unversehrt, und Dinges gewann den Auftrag. Kurz darauf gründete er Emeco (Electric Machine and Equipment Company) zur Produktion des Stuhls.

1944 wurden die ersten Stühle zur Ausstattung von U-Booten bis Kriegsende verwendet. Sie überlebten Kamikaze-Angriffe und widerstanden sogar zwei Taifunen im Pazifik. Als das US-Militär im Juli 1946 zwei Atombomben auf dem Bikini-Atoll testete, wurden die Stühle im Inneren des Schlachtschiffs USS Nevada nur leicht beschädigt, obwohl eine nukleare Waffe nur 615 Meter entfernt explodierte.

Nach dem Krieg baute Emeco seine heutige Fabrik in Hannover, Pennsylvania, und produzierte weiterhin Stühle für das Militär, während das Geschäft auf andere Bereiche wie Restaurants, Schulen und Krankenhäuser ausgeweitet wurde, die robuste und saubere Möbel benötigten.

Diese Stühle sind so gut wie unzerstörbar und können über 150 Jahre halten. Angesichts dessen kann man sagen, dass die 1006-Stühle aus dem Zweiten Weltkrieg jetzt die Mitte ihrer Lebensdauer erreichen.

Die Popularität dieses Stuhls begann wegen der hohen Kosten gegen Ende der 1970er Jahre nachzulassen, als neue, deutlich günstigere Möbel auf den Markt kamen.

Persönlich stelle ich mir die 1006 in zwei Situationen vor. Die erste betrifft den Ort, für den sie erfunden wurde, wo Soldaten auf diesem Stuhl in U-Booten sitzen und den Minen lauschen, die in ihrer Nähe vorbeiziehen (einige sagen, das sei ein Grund, warum die Stühle aus Aluminium gefertigt wurden).

Die zweite ist ein Bild von den Menschen, die den Stuhl herstellen. Es ist nicht schwer, alte Biker mit ihrem typischen Look zu sehen, die den ganzen Tag schweißen, dreckig und grimmig sind. Dann fahren sie abends auf ihren Harley Davidsons nach Hause und fühlen sich wie Teil einer großartigen Geschichte.

Der Navy Chair 1006 ist in vielen Filmen wie Matrix, Kingsman, I Robot oder The Dark Knight zu sehen. Erinnern Sie sich an die Szene, in der Batman Joker verhört und dann die Tür mit einem 1006-Stuhl blockiert? Kein Zweifel, dass dies ein sehr widerstandsfähiger Stuhl ist, wenn sogar Batman ihn benutzt.

Aus dem Film: "The Dark Knight"
Eigentum von Warner Bros.

Hebelentsafter "Spremita"
Lino Saltini (Joseph Majewski RIVAL 1932)
ATLANTIC 1950

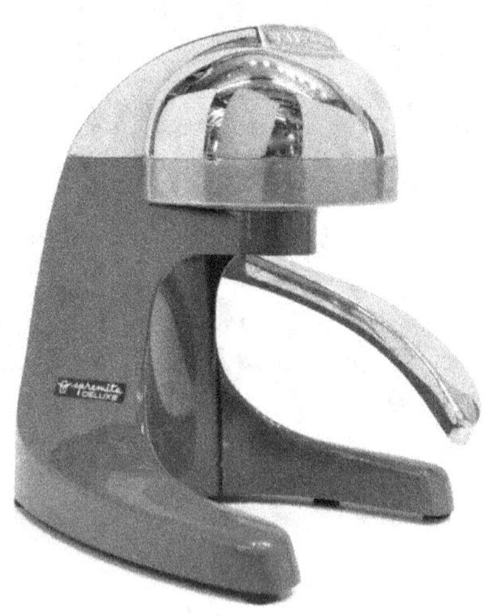

Spremita ist ein sehr schwerer Hebelentsafter. Er besteht aus einem verchromten Eisenkörper, einem Kegel zur Platzierung der Zitrusfrucht und einem Behälter zur Auffangung des Safts, der auf einer lackierten Eisenbasis montiert ist. Der Entsafter ist ästhetisch sehr anspruchsvoll und weist typische Art-Deco- und später Streamline-Designmerkmale auf. Dieses Modell ist der Nachfolger des "Juice-O-Mat" (Modell Tilt-Top) von Rival aus dem Jahr 1937.

"Zuerst trinkst du und dann ein schnelles Telefonat…"

Oftmals wird die Grenze zwischen Kunst und Design fließend, wobei sich Künstler in Designer verwandeln und Designer von der Kunst inspirieren lassen. Diese Vermischung von Erscheinung und Funktionalität macht die Unterscheidung zwischen beiden zunehmend unscharf.

Ein Mann, den man als "Architekt-Designer-Künstler" bezeichnen könnte, hat in allen Bereichen, in denen er tätig war, bedeutende Vermächtnisse hinterlassen, ohne sich einem bestimmten Bereich zuzuordnen. Dieser Mann, der den meisten unbekannt ist, hieß Lino Saltini und entwarf in seiner Designerkarriere nur zwei bekannte Objekte: ein Telefon und einen Entsafter. Saltini war ein gequälter Künstler, der gleichzeitig ein raffinierter Designer war. Betrachtet man seine Gemälde und Arbeiten, könnte man fast glauben, dass sie nicht von derselben Person geschaffen wurden, sondern vielleicht von Zwillingen, die völlig unterschiedliche Berufe ausübten!
Wir gehen zurück in die späten 1930er Jahre, um diese komplexe Geschichte zu erzählen. Wir befinden uns in den Vereinigten Staaten, es ist das Jahr 1937, und die Vitamin C wurde gerade entdeckt. Sie wurde zur Bekämpfung von Schwellungen, Fieber, Anämie, Zahnfleischblutungen, Gewichtsverlust, Muskelschmerzen und fast jeder Krankheit eingesetzt. Dieser Gesundheitsboom erfasste die USA wie nie zuvor, unterstützt von einer Werbekampagne, die jeden Amerikaner davon überzeugte, jeden Morgen ein Glas Orangensaft zu trinken. So entstand

das Bedürfnis nach einem Hilfsmittel für das Auspressen, etwas, das die Anstrengung verringern sollte. Joseph Majewski, ein polnischer Ingenieur, entwarf einen seitlich betätigten Hebelentsafter und patentierte ihn 1939 unter dem Namen *Juice-O-Mat*, den er an die *Rival Manufactured Company* in Kansas City verkaufte, die sich auf die Herstellung von Küchenutensilien aus Metall spezialisiert hatte. Die starken Art-Déco-Linien und die sanften Farben der 1930er und 1940er Jahre, zusammen mit den verchromten Oberflächen dieses Objekts, spiegeln die Ära wider und machen es leicht zeitlich einzuordnen. In den 1950er Jahren wurden die Kanten und Kurven weicher (typisch für Streamline-Design), die Farben reichten von leuchtendem Rosa über Blau und Kupfer bis hin zu Chrom. In den 1960er Jahren wurden die Objekte moderner, behielten jedoch immer einen Hauch der Vergangenheit bei.

Wegen der faschistischen Rassengesetze, die 1938 in Italien erlassen wurden, emigrierte ein in Mailand geborener Unternehmer 1940 in die USA. Erst nach Kriegsende konnte er in sein Land zurückkehren. Die Rede ist von Giorgio (George) Gentilli, der nach Italien zurückkehrte und ein Kooperationsabkommen mit Rival (Küchenutensilien) und Philco (Haushaltsgeräte) abschloss und die Atlantic Electric in Mailand gründete. In seiner Firma wurden Küchenutensilien von Rival sowie Kühlschränke und Fernseher in Zusammenarbeit mit Philco vermarktet und später auch produziert. Die Werbeaktion von Gentilli in den Magazinen und im neuen Fernsehen ermöglichte den Verkauf von Tausenden von Entsaftern, die in Italien unter dem Namen Spremita bekannt wurden – ein unglaublicher Verkaufserfolg für unser Land.

Heute ist es sehr einfach, einen Spremita auf dem Gebrauchtmarkt zu finden, und er kostet wenig, da es noch viele Stücke auf dem Markt gibt. Ende der 1950er Jahre musste Atlantic den Verkauf einstellen, da das Aluminium des Behälters in Kontakt mit der Säure der Zitrusfrüchte oxidierte und als giftig eingestuft wurde. Gentilli erklärte das Problem der Rival, die jedoch antwortete, dass sie derzeit keinen anderen Entsafter produzieren wollten. Gentilli gab nicht auf und beauftragte den Architekten und Maler Lino Saltini (ein Künstler toskanischer Herkunft, geboren 1908 in Mailand von einem florentinischen Vater und einer Mailänder Mutter) mit dem Redesign. Saltini hatte bereits das berühmte graue Wählscheibentelefon S62 entworfen, das 1962 in alle italienischen Haushalte mit der SIP eingeführt wurde. Anstatt den Entsafter neu zu gestalten, behielt er das Design des Vorgängermodells bei, ersetzte den schweren Sockel durch dünneres Aluminium, ersetzte den Metallbehälter durch ein Glasgefäß und den Metallpresskegel durch einen aus Kunststoff. So entstand der Spremita De Luxe, der in den folgenden 20 Jahren ein Verkaufserfolg war.

Leider traf Atlantic gegen Ende der 1970er Jahre, wie viele andere italienische Unternehmen, die Wirtschaftskrise hart. Außerdem hatte Gentillis Firma stark auf die Produktion von Farbfernsehern gesetzt, obwohl in Italien etwas die Einführung von Farbfernsehen verhinderte, was zu erheblichen Verzögerungen im Vergleich zu anderen Ländern führte. Während in fast ganz Europa bereits 1967 das Fernsehen in Farbe übertragen wurde, wurden in Italien in den 1970er Jahren noch Schwarz-Weiß-Sendungen ausgestrahlt, und die berüchtigten "Farbtestsendungen" schienen kein Ende zu nehmen. Erst 1977 startete die RAI offiziell mit Farbsendungen, aber für die italienischen Fabriken war es zu spät, um die Erfahrungen der ausländischen Konkurrenz aufzuholen.

Atlantic schloss seine Tore, und Gentilli ging in den Ruhestand, während Rival weiterhin Küchenprodukte verkaufte und sich auf einen innovativen Kochtopf spezialisierte: den Crock-Pot, das Flaggschiff ihres Katalogs. Dabei handelte es sich um einen innovativen elektrischen Kocher mit einem herausnehmbaren Glastopf oder Keramiktopf, der das Essen langsam kochte und sicher unbeaufsichtigt gelassen werden konnte, während die Temperatur niedrig gehalten wurde. Angesichts der steigenden Zahl arbeitender Frauen erlangte dieser Kocher in den 1970er Jahren schnell an Popularität, rettete so manchen Haushalt und wurde bis 1986 weiterverkauft. Heute existiert Rival nicht mehr und wurde von Unternehmen übernommen, die Ventilatoren und Klimaanlagen herstellen, vermutlich ohne Kenntnis der glorreichen Vergangenheit des Unternehmens aus Kansas City.

Und was ist mit Saltini? Seine Natur war extrem rebellisch und unruhig, genauso wie seine Jugend. Er konnte die Brera-Akademie nur abschließen, indem er sporadisch Tages- und Abendschulen besuchte. Anschließend besuchte er die Höhere Schule für Architektur von Valle Giulia in Rom, wechselte aber schnell von einer Erfahrung zur nächsten, überzeugt davon, dass die Praxis und das Wissen über die angewandten Künste für die Ausbildung eines Künstlers unerlässlich seien: von Fresken über Glasmalerei, Keramik, Bühnenbild, Grafik, Industriedesign, Bauwesen und Innenarchitektur. Im Alter von nur 23 Jahren hatte er 1931 seinen ersten Presse- und Kritikererfolg. Von 1944 bis 1965 suchte er nach einer Ästhetik, die der Realität seiner Zeit besser entsprach, und verfolgte deren kulturelle Erneuerung, spürte den Druck der neuen Strömungen. Die Zeichnungen, Studien, Reisen, Lesungen und Diskussionen dieser zwanzig Jahre während dieser "aktiven Introspektion" entfernten ihn von den Kunstmanifestationen. Erst 1965 kehrte er mit einer Sammlung von Werken in die Bollag-Galerie in Zürich zurück und stellte 1966 seine Einzelausstellung in der Woodstock Gallery in London aus. Denken Sie daran, dass er seit 1944 weder ein Gemälde noch eine Zeichnung verkauft hatte und während der Londoner Ausstellung lieber eine Geldstrafe an die Galerie zahlte, als einige Werke an snobistische Käufer zu verkaufen.

Saltini war auch ein strenger Zerstörer seiner eigenen Werke: Der Künstler beabsichtigte, nach seinem Tod nur sehr wenige Werke zu hinterlassen, die aufgrund ihrer Vollständigkeit und Gültigkeit die Frucht eines Lebens voller Arbeit und der erreichten Meilensteine seiner uneigennützigen Hingabe an die Kunst zusammenfassten. Über seine Werke haben die renommiertesten Kunstkritiker der Geschichte geschrieben, aber sein Name wird immer mit der Designgeschichte des grauen SIP-Telefons S62 und des glänzenden Entsafters verbunden sein, der in Millionen von italienischen Haushalten seinen Platz fand und nie mehr daraus verschwand. Auch in meinem Haus wurde es täglich von meiner Mutter benutzt, die mir liebevoll sagte: *"Mein Schatz, trink den Saft, er tut dir gut und du wirst groß"*, gefolgt von *"Bist du immer noch am Telefon!?"*. Unwissentlich wurde Saltini zur Freude und zum Leid aller italienischen Familien.

Siemens S62

Cubo ist ein Würfel, der auf einer Seite offen ist, in den eine geneigte Metallplatte eingesetzt ist, die den unansehnlichen Inhalt verdecken soll. Es ist ein äußerst einfaches, funktionales und gegen den Trend gehendes Objekt.

"Schön dieser Würfel, den du mir geschickt hast, aber was ist das?"

Die Einfachheit im Design muss immer mit einer klaren Kommunikation der Funktion des Objekts ausgewogen sein. Es ist wichtig, ein Gleichgewicht zwischen der Sauberkeit des Designs und der Klarheit seiner Nützlichkeit zu finden, um eine gute Benutzererfahrung zu gewährleisten.

Der Aschenbecher Cubo wurde 1957 von Bruno Munari für Danese entworfen und gehört heute zu den Dauerausstellungen des Museum of Modern Art in New York. Dank des rationalen Studiums der Form entwarf Munari einen Aschenbecher, der in der Lage ist, Zigarettenkippen vor dem Anblick und Geruch zu verbergen, indem er einen versteckten, stilistisch minimalen und essentiellen Behälter schafft.

Jeder kleine Teil seiner Form hat eine Erklärung. Der Designer erreicht sein Ziel, indem er ein Blech faltet und es in einen perfekten, robusten Kunststoffwürfel mit den Maßen 6x6x6 cm einfügt. Der für die Kippen vorgesehene Raum wird durch die aus der Biegung resultierenden Teile abgedeckt, wodurch sie vor dem Anblick verborgen und der schlechte Geruch abgeschwächt werden.

Tatsächlich erzählte Munari selbst, wie die äußerlich

saubere Form ein psychologischer Fehler war, da er nicht berücksichtigt hatte, dass die Menschen, ohne die ausgedrückten Zigaretten zu sehen, die Funktion des Objekts nicht verstehen konnten, das somit ein rätselhaftes Objekt blieb. Aus diesem Grund blieb Cubo zwei oder drei Jahre unverkäuflich, bis Danese es mit einer angemessenen Kommunikation unterstützte, die sich als wirksam für den Verkauf erwies.

(Erinnert ihr euch daran, was ich zuvor sagte, dass ein gutes Objekt ohne Unterstützung durch Marketingkommunikation nicht weit kommt? Dies ist das deutlichste Beispiel dafür).

Eine weitere geniale Intuition dieses Produkts ist die Benutzerfreundlichkeit: Um es zu entleeren, muss man lediglich das Aluminiumblech herausziehen und den Inhalt in den Mülleimer werfen. Danach kann man es wieder in den Würfel einsetzen.

1992 erzählte Bruno Munari während eines Treffens an der Universität von Venedig den Anwesenden eine Anekdote über dieses Produkt: Eine Dame schenkte einer Freundin Cubo, der zufällig verkehrt herum montiert war und daher noch kryptischer als gewöhnlich in Bezug auf seine Funktion. Die Dame rief dann die Freundin an, die es ihr geschenkt hatte, und sagte: *"Schön, dieses kubische Ding, das du mir geschickt hast, aber was ist das?"*. Daraufhin erklärte die Freundin ihr, dass es sich um einen Aschenbecher handelte. Die Dame fragte, wie man ihn benutze, und erhielt die Erklärung, dass man die Zigarettenkippen in den Schlitz einführen könne. In ihrem Fall, aufgrund der falschen Montage, war der Schlitz jedoch nur etwas breiter als einen Millimeter und konnte daher nicht funktionieren.

Erst nach einem zufälligen Sturz des Objekts entdeckte die Dame, dass es verkehrt herum montiert war.

Das Design von Cubo ist auch heute noch aktuell, obwohl es aus dem Jahr 1957 stammt, ebenso wie die von Munari auf den Würfel gedruckte Aufschrift "fuma dopo", die den Raucher dazu einlädt, die Rauchpause zu verschieben, ohne sich beim Rauchen eingeschränkt zu fühlen.

Die Entscheidung, diese Aufschrift anzubringen, zeigt auch die ironische Absicht des Designers, die – wenn man bedenkt, dass dies alles 1957 realisiert wurde – dieses minimale Objekt noch einzigartiger macht. Munari jagte während seiner gesamten Karriere nach der unsichtbaren Essenz der Dinge, der komplizierten Einfachheit.

In diesem Zusammenhang sagte er: *"Komplizieren ist einfach, vereinfachen ist schwierig. Um zu komplizieren, reicht es aus, alles Mögliche hinzuzufügen: Farben, Formen, Aktionen, Dekorationen, Charaktere, Umgebungen voller Dinge. Jeder kann komplizieren. Wenige können vereinfachen. Um zu vereinfachen, muss man entfernen, und um zu entfernen, muss man wissen, was zu entfernen ist, wie der Bildhauer, wenn er mit dem Meißel all das Material vom Steinblock entfernt, das mehr ist als die Skulptur, die er machen will. Theoretisch kann jeder Steinblock eine wunderschöne Skulptur enthalten, wie weiß man, wo man aufhören muss, ohne die Skulptur zu ruinieren? Schließlich ist die Vereinfachung das Zeichen der Intelligenz, ein altes chinesisches Sprichwort sagt: ‚Was man nicht in wenigen Worten sagen kann, kann man auch nicht in vielen sagen."*

Sessel "UP5+6"
Gaetano Pesce
B&B 1969-2000

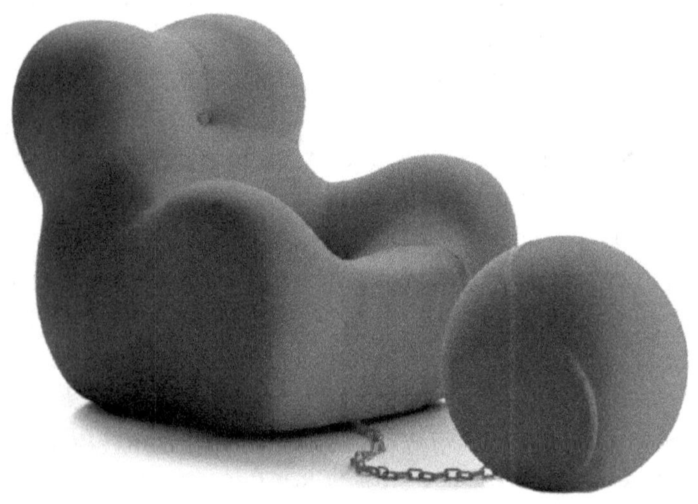

In diesem originellen Sessel gibt es ein wichtiges Element, das die Verpackung betrifft. Das Innere der Sitzfläche besteht aus expandiertem Polyurethan, das bis zu 90 % seines Volumens vakuumverpackt wird. Auf diese Weise wird der Sessel flach verkauft, wodurch Transport- und Lagerkosten gespart werden. Nach dem Auspacken gelangt Luft in die Polsterung und der Sessel "bläht" sich auf.

"Einen Moment... ich drücke den Sessel zusammen und komme gleich!"

Design kann ein mächtiges Werkzeug sein, um Botschaften zu vermitteln und kritisches Denken zu fördern. Oft wird es genutzt, um politische und soziale Botschaften zu übermitteln und das Publikum für wichtige Themen zu sensibilisieren und zu engagieren.

Wir sprechen hier von dem "Sessel mit der Fußkugel", der berühmt wurde für seine Anklage der weiblichen Situation. Erst nach einer gründlichen Betrachtung seiner Form erkennen wir die Botschaft, die der Designer Gaetano Pesce mit seinem Werk/ Sessel, den er UP 5 nennt, vermitteln wollte. Ein absolutes Meisterwerk, das der Frau gewidmet ist und Teil einer Serie von Sitzmöbeln ist, die seit den 60er Jahren entstanden sind.

Wenn man den Sessel genau betrachtet, erkennt man die recht explizite Form eines mütterlichen Schoßes. Der Sessel zeichnet sich durch geschwungene und üppige Formen aus, klare Symbole der Fruchtbarkeit: Zwei große Brüste prägen die obere Rückenlehne, während der untere Teil die Oberschenkel darstellt, sodass man sich beim Sitzen umarmt fühlt, wie in der Kindheit.

Dieser Sessel, entworfen 1969 während einer Zeit
großer revolutionärer Aufregung, wird bis heute
von B&B Italia produziert. Er ist Protagonist in vielen Filmen, in verschiedenen Museen ausgestellt
und ist zu einer der bekanntesten Ikonen des italienischen Designs weltweit geworden. Ein Symbol,
das auch nach über fünfzig Jahren nicht an Kraft
seiner Botschaft verliert. Gaetano Pesce sagt: *"Als
ich die UP-Serie entworfen habe, erzählte ich eine
Geschichte über mein persönliches Konzept der
Frau: Die Frau war immer, wider Willen, Gefangene ihrer selbst. In diesem Sinne habe ich diesem
Sessel die Form einer Frau gegeben, mit dieser
Fußkugel, die das übliche Bild eines Gefangenen
ersetzt."*

Das Werk regt zum kritischen Nachdenken über
die Situation der Frauen an, die auch heute noch
Opfer von Vorurteilen und Gewalt in verschiedenen Teilen der Welt sind – ein Thema, das leider
nie aus der Mode kommt. Neben der politischen
Botschaft markiert Gaetano Pesces Sessel eine Revolution in Bezug auf neue Materialien und Produktionstechniken: Ohne innere Struktur wird die
UP5 aus expandiertem Polyurethan hergestellt und
im Vakuum verpackt, wodurch der Platzbedarf für
den Transport und die Verpackung reduziert wird.
Nach dem Auspacken dehnt sich der Sessel aus, indem er Luft aufnimmt, bis er seine ursprüngliche
Form annimmt. Der Künstler erzählte in einem
Interview, wie ihm die Idee während einer Dusche

gekommen sei: *"Die Idee zur UP5 kam mir, als ich während einer Dusche einen Schwamm betrachtete. Die Idee war, einen Sessel zu entwerfen, der, wie ein Schwamm, zusammengedrückt und winzig werden konnte, um dann wieder seine normale Größe anzunehmen."*

Im Zusammenhang von Kunst und Design sagte der britische Designer John Maeda: "Design ist die Lösung für ein Problem. Kunst ist die Frage, die dem Problem zugrunde liegt."

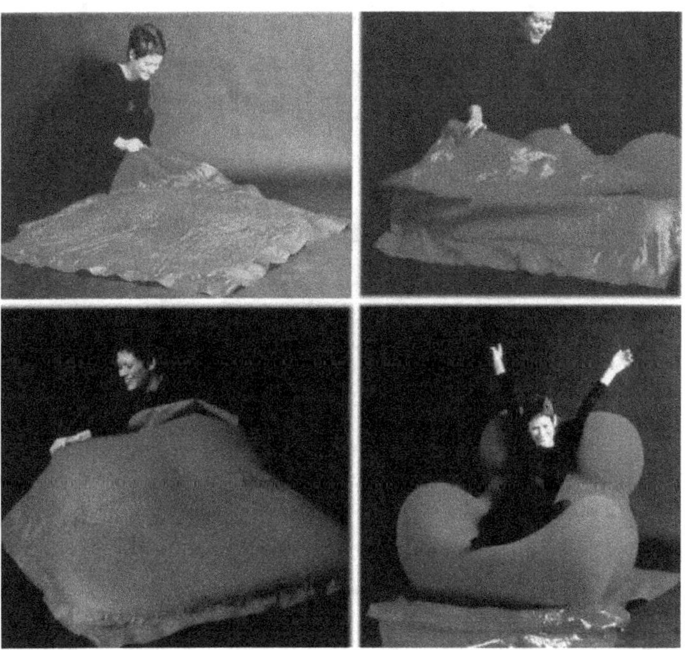

Das Montagesystem funktioniert durch Expansion. Anfangs ist es ein flaches Blatt, und nach dem Öffnen eines Ventils strömt langsam Luft ein und bläst den Sessel auf.

Filodiffusion "FD1102"
Richard Sapper -Marco Zanuso
BRIONVEGA 1969

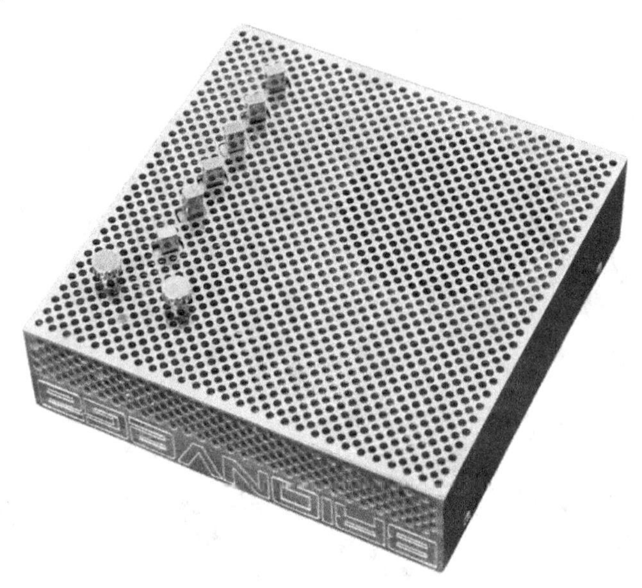

Das Modell FD 1102 ist ein quaderförmiger Kasten mit quadratischer Grundfläche aus gestanztem, gebogenem und anschließend spiegelverchromtem Metall. Das vollständige Logo *Brionvega* befindet sich auf beiden Seiten. Sechs farbige rechteckige Tasten für die sechs Kanäle der Drahtfunkübertragung und die zwei runden Drehknöpfe für Lautstärke und Einschalten. Ein wunderbares Stück von scheinbarer Einfachheit.

"Habt ihr etwa das Logo verkehrt herum gedruckt...?"

Die Designentscheidungen der Designer sind oft schwer im Detail zu erklären, da jedes Millimeter des Objekts mit akribischer Präzision gestaltet wird. Dies wirft Fragen über die "richtige" Form eines Objekts auf und führt zu unzähligen Überlegungen in jedem kreativen Akt.

Fragen sind für einen Designer ein wesentlicher Bestandteil seiner schlaflosen Nächte, in denen er einem Problem nach dem anderen nachjagt, bis irgendwann aus dem Nichts eine kleine Stimme auftaucht, die irgendwie der des Jedi-Meisters Yoda aus Star Wars ähnelt und wiederholt: *Form folgt Funktion... Form folgt Funktion... Folge der Kraft, nein, folge der Form...*". "*Form folgt Funktion*" ist die klare Antwort auf die Frage nach der Form des Objekts, das wir entwerfen. Diese Phrase stammt nicht von Meister Yoda, sondern ist ein Prinzip, das der Architekt Louis Sullivan 1896 prägte und das zunächst auf die moderne Architektur des 20. Jahrhunderts und später auf das Industriedesign angewendet wurde. Das Prinzip besagt, dass die Form eines Objekts seinem Zweck oder seiner Funktion entsprechen muss, für die es geschaffen wurde, und nicht nur eine Struktur bedecken soll.

Die Designer Marco Zanuso und Richard Sapper, der eine Italiener und der andere Deutscher, schufen eine Designpartnerschaft, die dreißig Jahre lang andauerte. Durch diese Zusammenarbeit haben sie uns unvergessliche Objekte hinterlassen, die noch heute zahlreiche Preise gewinnen. In der Erinnerung aller sind die berühmte *Radio Cubo Ts 502* und die Fernseher *Doney* und *Algol* von *Brionvega*, das Telefon *Grillo*, um nur einige zu nennen. Weniger bekannt ist zweifellos die Drahtfunkanlage FD1102 von *Brionvega*, ein quaderförmiger Kasten aus spiegelverchromtem Metall. Drahtfunk existiert heute praktisch nicht mehr, vor 40 Jahren wurde das Radio über ein Telekommunikationsnetz verbreitet, das direkt in die Wohnung des Nutzers gelangte, indem es das Telefonkabel nutzte, mit dem die von der Festnetztelefonie versorgten Gebäude verkabelt waren. Das von ihnen geschaffene *FD1102*-Drahtfunkradio war kompromisslos dank seiner primitiven und wesentlichen Form, bei der das einzige Bewegungselement durch den Kontrast des Metalls, die strengen Tasten und das bemerkenswerte Brionvega-Logo, gemessen an seiner Größe, gegeben war. Es gibt ein Detail im Zusammenhang mit dem Logo, das nicht jeder bemerkt: Das Brionvega-Logo ist auf einer Seite gerade und auf der anderen Seite um 180° auf den Kopf gedreht. Auf den ersten Blick könnte dies wie ein Produktionsfehler erscheinen, aber in Wirklichkeit offenbart es das funktionalistische und pragmatische Denken seiner Schöpfer, bei dem die Form der Funktion folgt und nicht umgekehrt. Der Grund ist ziemlich einfach: Wenn man das Radio auf die Seite legt oder an die Wand hängt, wird das Logo wieder von unten nach oben lesbar. Eine einfache und zugleich geniale Intuition.

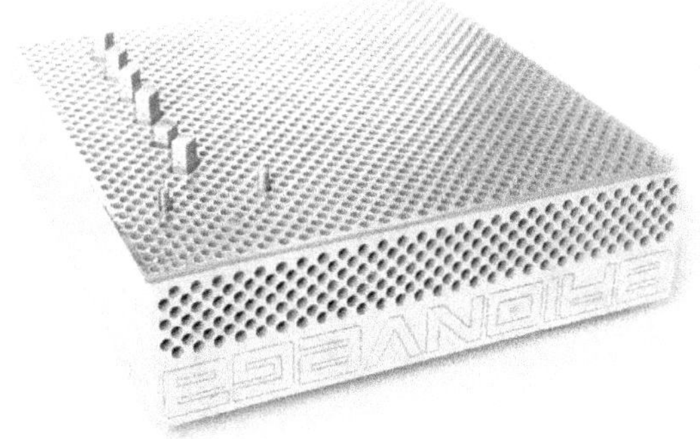

Die Filodiffusion, bei der das Logo "BRIONVEGA"
auf dem Kopf steht.

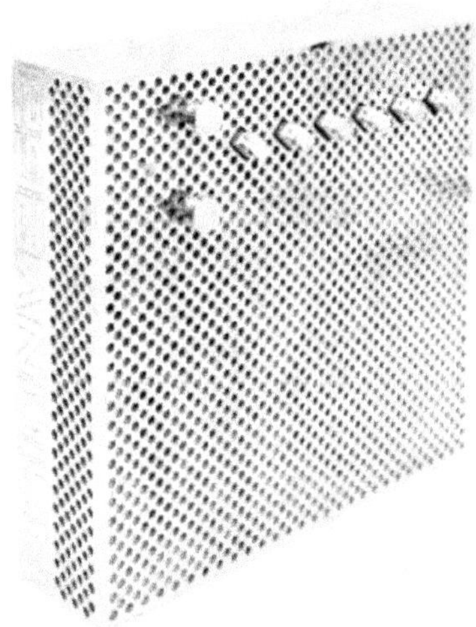

Wenn es einmal vertikal aufgestellt
wird, wird das Logo wieder "richtig"
lesbar von unten nach oben.

Bei genauerem Hinsehen hat dieses Bücherregal eine eindeutig anthropomorphe Form, man kann tatsächlich einen Mann mit erhobenen Armen und gespreizten Beinen erkennen.Carlton ist eine Ansammlung primitiver geometrischer Formen, die übereinander gestapelt sind, als wären sie große Pixel in einem Videospiel.

"Ich präsentiere Ihnen Memphis, den neuen Stil"

Eine neue Denkrichtung zu schaffen, erfordert von jedem Designer, die kreativen Grenzen der Industrie zu überschreiten und innovative Formen, Materialien und Anreize in das Design einzuführen.

Wie könnte man den Architekten und Designer Ettore Sottsass anders beschreiben als als Dichter, Rebell, vielseitigen Künstler, cool, reiselustig und Freund von Persönlichkeiten wie Hemingway, Picasso und Allen Ginsberg? Seine Kreationen umfassten die ersten Computer, von Olivetti bis hin zur Silicon Valley in den USA, und er beschäftigte sich nicht nur mit Technologie, sondern auch mit Mode bei Fiorucci und Haushaltsgegenständen bei Alessi.

Ettore Sottsass und Barbara Radice erreichen am 18. September 1981 mit dem Taxi die Galerie Arc '74 in Mailand. Beide sind aufgeregt und auch ein wenig nervös wegen der Eröffnung der Ausstellung von Memphis-Haushaltsgegenständen, der Gruppe, die Ettore nur ein Jahr zuvor gegründet hatte und die in nur wenigen Jahren das zukünftige Design revolutionieren sollte.

Das Ziel war es, sich von den kalten Farben und der Monochromie der 70er Jahre im Bereich des Designs zu lösen, indem man neue Konzepte aus der Vergangenheit einführte.

Als Ettore und Barbara bei der Ausstellung ankamen, waren sie erstaunt über die Anzahl der Menschen, die vor dem Showroom warteten. Zuerst dachten sie, jemand sei krank geworden und die meisten der Menge hätten sich versammelt, um zu sehen, was los war, aber in Wahrheit waren all diese Menschen dort, um Möbel, Lampen, Keramiken und anderes zu sehen, das sie geschaffen hatten. Bis zu diesem Zeitpunkt hatte keine Designveranstaltung so viele Menschen zusammengebracht. Auf der Einladungskarte zur Ausstellung war ein Tyrannosaurus Rex mit weit geöffnetem Maul, weißen Zähnen und lebendigem Auge, so realistisch, dass er echt wirkte.

Eine Einladung, die zu einem suggestiven Kommunikationsvehikel wurde, so sehr, dass man sich fragte: Wird Memphis das moderne Design wie ein Dinosaurier verschlingen? Ja, das tat es, die von Sottsass angeführte Gruppe, zu der unter anderem Alessandro Mendini, Michele De Lucchi, Aldo Cibic, Matteo Thun, Marco Zanini, Martine Bedin und Andrea Branzi gehörten.

Memphis war die Schmiede der Wünsche, in der Emotionen entstanden, die bis dahin unbekannt waren.

Ein Element dieser Ausstellung, das so bedeutend wurde, war das Bücherregal Carlton (alle Produkte der ersten Kollektion von 1981 tragen die Namen berühmter Hotels: *Plaza, Casablanca, D'Antibea, Pierre* und *Carlton*), entworfen und gestaltet von Ettore Sottsass im Jahr 1981 für Memphis.

Betrachtet man es genauer, bemerkt man das besondere Regal, das nicht nur als Bücherregal, sondern auch als Raumteiler dienen könnte. Eine Funktion, die ihm sicherlich einen Mehrwert verleiht und nicht auf das klassische Konzept eines Bücherregals an einer Wand beschränkt ist.

Seine Funktionalität erscheint reduziert, wenn man die schrägen Regalböden betrachtet. Das Designziel war nicht, nur ein Bücherregal zu schaffen, sondern es mit einem Kunstwerk zu verbinden.

Die Farben tanzen in einem kitschigen und grotesken Spiel, gefolgt von der Entscheidung, einfache Materialien wie farbiges Laminat zu verwenden, als Protest gegen den zunehmenden Konsumismus. Anfang der 60er Jahre unternahm Sottsass eine Reise nach Indien und war fasziniert von den Kleidern und Häusern mit ihren leuchtenden Farben. Dies war der Ausgangspunkt, an dem er die Bedeutung von Farbe erkannte.

Viele bezeichnen es als "Totem"-Bücherregal aufgrund seiner Form, die an einen Mann mit erhobenen Armen und gespreizten Beinen erinnert.

Es besteht aus nach rechts und links geneigten Regalböden, einer Schubladenkommode unten, die auf einem weiß-schwarzen Quader ruht. Es ist sicherlich nicht klein, wenn man die Höhe von vier Metern und das bedeutende Gewicht von über einem Zentner berücksichtigt.

Carlton wird zum ikonischen Möbelstück der gesamten Bewegung, so sehr, dass Sottsass selbst erklärte, diese Möbel als Protest gegen das bürgerliche Mobiliar geschaffen zu haben. Carlton ist einzigartig und steht allein wie ein Denkmal auf einem großen Platz, wobei nur zu beachten ist, dass man ein Wohnzimmer braucht, das so groß ist wie ein Paradeplatz...

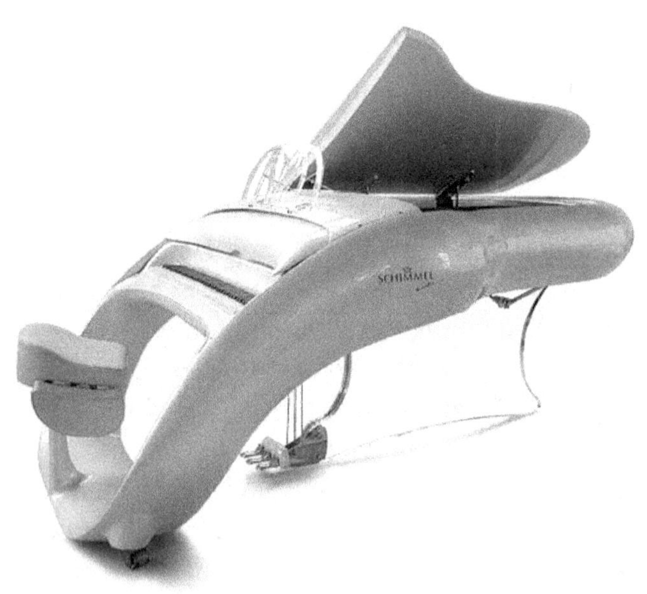

Pegasus ist ein futuristisches und sehr elegantes Klavier, das von Lutz Colani entworfen wurde. Geschwungen wie eine organische Form, besteht es aus einem einzigen Stück glasfaserverstärktem Kunststoff ohne Fugen. Auch die Tastatur ist besonders, da sie nicht gerade, sondern leicht gebogen ist. Pegasus ist im Museum of Modern Art in New York ausgestellt.

"Alles ist eine Kurve... Keine einzige gerade Linie?"

Die Natur, mit ihren geschwungenen und komplexen Formen, inspiriert oft Designer. Egal ob es sich um ein Klavier, ein Auto oder eine Wasserflasche handelt, die Schönheit der Natur bietet immer neue Formen, die Staunen hervorrufen.

Es war nicht möglich, Luigi (Lutz) Colani einfach nur als Menschen zu bezeichnen, und auch der Titel "Meister" war zu kurz gegriffen. Colani war ein Alien, es gab keine andere Erklärung. Man könnte ihn mit den Außerirdischen vergleichen, die den Ägyptern beigebracht haben, die Pyramiden zu bauen.

Betrachtet man seine Entwürfe, so ist eine absolute Abweichung vom Gewöhnlichen leicht zu erkennen, wobei der minimale Einsatz von Linien und Formen stark von organischen Kurven und der Biodynamik beeinflusst war.

Colani rühmte sich seiner Vielseitigkeit und entwarf lange, schlanke Autos, Fernseher, Kleidung, Kameras, Brillen und Möbel, alle mit einem gemeinsamen Element: der runden Form. Er selbst erklärte, er glaube an eine übernatürliche Welt, in der Formen Gewalt und Sinnlichkeit einfangen.

Zu seinen bekanntesten Arbeiten gehören die *Canon*

T90 Kamera und die für die Firma Kusch entworfene Chaise Longue, aber es wäre zu kurz gegriffen, nur zwei zu erwähnen, wenn man bedenkt, dass aus seiner Kreativität mehr als 4.000 Produkte entstanden sind.

Während seiner gesamten Schaffenszeit blieb seine gestalterische Sensibilität unverändert; er nutzte die Prinzipien der Physik und beobachtete die Natur. Diese Praktiken und Beobachtungen materialisierten sich in abgerundeten und aerodynamischen Formen; er wollte der Philosophie Galileos folgen und betonte, dass auch der Planet, auf dem wir leben, rund ist.

1997 entwarf er den Flügel Pegasus in Zusammenarbeit mit dem deutschen Klavierhersteller *Schimmel Pianos* und revolutionierte damit die Form von Flügeln. Jeder, der diesen limitierten Flügel sieht, kann nicht anders, als von der besonderen Form beeindruckt zu sein. Alles ist kurvenreich, selbst die Tastatur folgt dieser Logik.

Der erste Pegasus erschien 1997. Über 150 Jahre hatte sich die Form des traditionellen Flügels kaum verändert, aber Colani wollte dieser Form eine deutliche Wendung geben. Anfangs stieß das Design des Pegasus auf Ablehnung; einige hielten es für eine Spielerei. Doch mit der Zeit wurde dieser Flügel geschätzt und schließlich als "Designklassiker" anerkannt.

Der Pegasus, der im Wesentlichen ein Flügel von 6 Fuß und 10 Zoll Länge (etwa 208 cm) ist, hat eine ausgesprochen organische Form und ein integriertes Sitzmöbel, das ihn zu einem einteiligen Möbelstück macht.

Kein anderes Klavier hat integrierte Sitze. Dies liegt daran, dass jeder Pianist unterschiedliche Anforderungen

an Höhe und Position hat. Colani meisterte dieses Problem durch die Entwicklung eines in der Breite erweiterbaren und in der Höhe verstellbaren Hockers, selbst der Abstand zur Tastatur konnte angepasst werden.
Pegasus hat keine traditionellen Beine und scheint daher zu schweben. Der Korpus ist aus Fiberglas gefertigt und die Linien vermitteln den Eindruck einer kontinuierlichen Welle. Der Deckel ist hydraulisch mit elektrischer Betätigung, ebenfalls vollständig verstellbar. Als Krönung darf die Figur des mythischen geflügelten Pferdes Pegasus nicht fehlen.
Schimmel fertigt noch heute nicht mehr als zwei Flügel pro Jahr und nur auf Bestellung. Nur wenige Prominente besitzen diesen Flügel, darunter Prince, Lenny Kravitz und Eddie Murphy. Es ist unklar, ob Colani ein klarer Genie oder mehr ein verrückter Visionär war; ich bin überzeugt, dass er nicht nur das war... in ihm steckte sicherlich ein Hauch von Alien, um all das zu konzipieren, was er geschaffen hat. Sehen (im Internet) heißt glauben.

Tisch "ORG"
Fabio Novembre
CAPPELLINI 2001

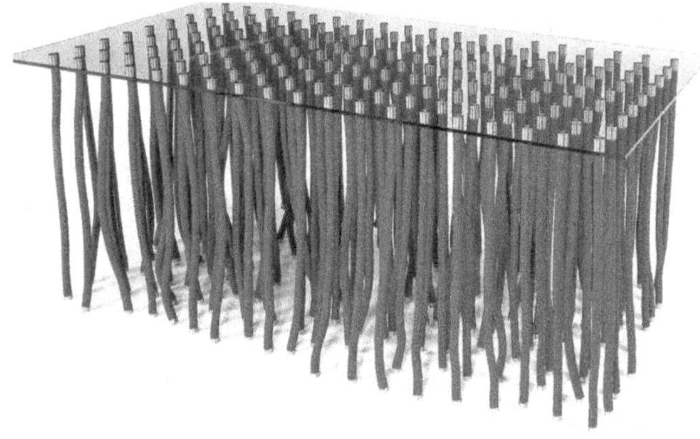

Der Org-Tisch, bestehend aus einer Kristallplatte und 171
Beinen aus rotem Seil, stellt eine offensichtliche Provoka-
tion dar, da der Tisch scheinbar in der Luft schwebt.
In Wirklichkeit verbergen sich zwischen den Seilbeinen vier
Stahlbeine, die mit rotem Seil ummantelt sind und so einen
magischen Effekt erzeugen.

"Versteck dich dort, schnell, dafür habe ich es extra entworfen."

Wie der bekannte Grafikdesigner Milton Glaser sagte, können wir auf ein Designobjekt auf drei Arten reagieren: "Ja", "Nein" oder "Wow!". Um erfolgreich zu sein, ist es wichtig, dass das Objekt auf den ersten Blick eine begeisterte Reaktion auslöst, ein echtes "Wow".

Jedes Mal, wenn wir auf ein etwas seltsames Objekt stoßen, ist es legitim zu fragen, ob es sich um Kunst oder Design handelt. Bei diesem magischen Tisch könnte man sagen, dass seine Seltsamkeit in der Anzahl seiner Beine liegt, nämlich einhunderteinundsiebzig. Doch bei einem Industrieprodukt muss die Seltsamkeit, egal welcher Art, eine kohärente Antwort in Bezug auf Form und Funktion bieten.

Wenn ein Tisch mit 171 (19 Spalten und 9 Reihen) Beinen entworfen wird, muss es eine klare konstruktive Antwort darauf geben, andernfalls riskiert man, ein Objekt zu haben, das den Logiken der Kunst folgt und nicht so sehr denen des Designs.

"So sehr man sich auch bemüht, das wohlwollende Lächeln, das im Gesicht einer Mutter erscheint, wenn die Gespräche komplexer werden, hat immer noch die gleiche Bedeutung wie als Kind: "Hast du Hunger, Fabio? Hast du schon gegessen? Soll ich dir etwas zubereiten?".

Fabio Novembre zitiert diesen Satz in seinem Buch *"Das Design meiner Mutter erklärt"*, während er schreibt, dass es schwierig ist, seiner Mutter zu erklären (ich denke, das gilt für jede Mutter eines Kreativen...), warum er einen Tisch mit all diesen Beinen entworfen hat.

Es muss gesagt werden, dass es eine Erklärung gibt, auch wenn der Tisch Org auf den ersten Blick einem fast magischen Paradoxon ähnelt.

Die obere Fläche des Tisches scheint auf Elementen zu ruhen, die von oben herabfallen, ähnlich wie Ranken dank ihrer Flexibilität und weil sie aus rotem Polypropylen-Seil gefertigt sind, zwischen vier festen Beinen mit einem Stahlkern und einer äußeren Seilhülle, um den Trick gut zu verbergen.

Fabio Novembre, ein Künstler aus Lecce, Jahrgang 66, war ein Schüler des hoch visionären Designers Ettore Sottsass, und wurde als Pop-Künstler bezeichnet. Man beachte, dass der Begriff "Künstler" und nicht "Designer" verwendet wurde. Diese Definition wurde gut aufgenommen, weil für ihn seine Arbeit auch bedeutete, den Träumen der Menschen nahe zu bleiben.

Wie könnte man einen Designer definieren, der in der Lage ist, Träume zu interpretieren und den Geschmack der Menschen an angenehme Kreationen heranzuführen, die dennoch eine höhere Botschaft in sich tragen? Ein reiner Kreativer wie Fabio hat erklärt, dass für ihn das bloße Zeichnen von Objekten eine Möglichkeit ist, nicht in das Unbekannte zu fallen und seine Ängste zu überwinden.

Dieser Tisch erinnert an die Idee des Versteckspiels, es heißt, dass diese Intuition ihm kam, als er sich unter dem

Tisch im Haus seiner Freundin versteckte, nachdem deren Eltern unerwartet zurückgekehrt waren. (...)
Der Tisch Org mit seinen zahlreichen Beinen zeigt, dass der Designer mehr daran interessiert war, was unter dem Tisch geschieht, und nicht darüber.
Ich denke, dass dieses Objekt eher zur "künstlerischen" Sparte gehört als zum Design, weil es an einer starken utilitaristischen Motivation mangelt. Wir haben in den letzten 60 Jahren viele Objekte gesehen, die einen "Wow"-Effekt hervorrufen; heute können sie immer noch diese Reaktion auslösen, aber das ist eben alte Schule. Dieses Objekt fehlt eines der zentralen Säulen des Designs, nämlich die Funktionalität. Versuchen Sie, alle Beine des Tisches zu reinigen, und Sie werden feststellen, dass es weder bequem noch einfach ist.
Aber auch hier, wie beim Starck-Entsafter, bei dem das Objekt nur dann einen industriellen Wert erhält, wenn die Bestimmung geändert wird (vom Entsafter zum "Gesprächsgegenstand"), nimmt das Thema magisch eine Wendung.
Wenn Fabio behaupten würde, er habe an das schattige Gewirr der Beine gedacht, um sich zu verstecken, und dass seine geheimnisvollen Beine perfekt dafür sind, sich zu verstecken, ohne entdeckt zu werden, dann wäre es die Opfer wert und würde mit vollem Recht zu einem "Design"-Objekt werden, da es das Problem löst, wo man den Geliebten verstecken kann, falls der Partner unerwartet nach Hause kommt.

Abat-jour "Gun"
Philippe Starck
FLOS 2005

Eine klassische Abat-jour mit einem Sturmgewehr AK-47 als Ständer. Vergoldet. Aus derselben Serie stammt auch die Pistole.

"Unser Leben ist nicht mehr wert als eine Patrone..."

Kann ein Designobjekt als Mittel verwendet werden, um ein politisches Konzept zu vermitteln oder eine Botschaft der Anklage auszudrücken?

Philippe war in der Schule kein Ass: Sobald er konnte, versuchte er, ihr zu entkommen. Schon an der École Nissim de Camondo, einer renommierten Privatschule für Innen- und Produktdesign, zeigte sich sein genialer Geist. Seine Anfänge machte er mit der Innenausstattung von Wohnungen, Lokalen, Hotels und sogar einem Raumschiff, immer mit einem Stil voller ironischer und opulenter Details, gutem Geschmack und Wahnsinn.

1986 begann seine unaufhaltsame Serie von Designstücken für das Zuhause: Die offizielle Liste seines Studios umfasst ganze 13 Seiten. Man kann sagen, dass er, abgesehen von Haushaltsgegenständen, jede Art von Produkt entworfen hat, von Booten bis hin zu Fernsehern, sogar einen Champagner, dessen Mischung er persönlich betreut hat.Liebe und Verlangen sind zwei grundlegende Konzepte in Philippe Starcks Designansatz, einer Tätigkeit, der er die ehrgeizige Aufgabe zuschreibt, *"das Leben der größtmöglichen Anzahl von Menschen zu verbessern"*. Es ist eine inklusive und optimistische Vision, die er in idealer Kontinuität mit anerkannten italienischen Meistern wie Achille Castiglioni sieht (dem er ausdrücklich seine Anerkennung zollt). In einem Gespräch mit Elizabeth Laville im Jahr 1998 reflektiert Starck über das Verhältnis zwischen Form und Funktion (im weiteren Sinne als Rolle) des entworfenen Objekts: "Wir müssen die Schönheit, die ein kulturelles Konzept ist, durch Güte ersetzen, die ein humanistisches Konzept ist".

In einem Interview mit dem Corriere della Sera kommt seine durchdringende Persönlichkeit zum Vorschein. Achtzehn Immobilien, die sich rund um den Globus verteilen, von Ibiza über New York bis zum Atlantik und zur Insel Burano, die alle identisch eingerichtet sind, sogar in Bezug auf die Bücher, sodass er sich immer im selben komfortablen Umfeld wiederfindet, sobald er die Schwelle überschreitet. Seine strenge persönliche Disziplin in der Ernährung (Frühstück mit Schwarzbrot, Honig, Trockenfrüchten und Kräutertee), der Tagesablauf (minutengenau geplant, mit aufeinander abgestimmten Besprechungen und Kundenbesuchen, bis zu drei am selben Tag in verschiedenen Ländern, die er zwangsläufig mit dem Privatflugzeug erreicht), und die Methodik seiner Projekte (einer nach dem anderen bis ins kleinste Detail auf Transparentpapier gezeichnet, das er eifersüchtig bewahrt).

Wie wir immer betont haben, ist eine der unverzichtbaren Eigenschaften im Design, dass ein Objekt Funktionalität (dann auch Innovation, Nützlichkeit und Schönheit) mit sich bringt, das heißt, dass es spezifische Merkmale erfüllt, für die es entwickelt wurde. Im Fall der Lampe "Gun" ist der erste Gedanke, der einem beim Anblick spontan kommt, dass es sich um ein etwas "kitschiges" Objekt handelt, was einen Stil vermeintlich künstlerischer, aber in Wirklichkeit geschmackloser Gegenstände bezeichnet.

"Gun" ist auf den ersten Blick ein zweideutiges Objekt, aber in Wirklichkeit ist Philippe Starcks Hauptziel nicht, ein gewöhnliches Leuchtobjekt zweifelhaften Geschmacks zu schaffen, sondern den Handel mit Schusswaffen und die kriegstreibende Gier der modernen Welt anzuprangern. Provokativ, symbolisch, polemisch und subversiv, prangert Starck den Handel mit Schusswaffen und die kriegstreibende Gier der modernen Welt an. Die wertvolle Chrom- oder 18-Karat-Goldbeschichtung zeigt die Verbindung zwischen Geld und Krieg und tut dies mit einem Produkt, das seine Funktion mit minimalem Aufwand erfüllt. Ein Teil der Einnahmen aus der Guns-Kollektion geht an die Organisation Frère des Hommes Europe, die gegen die Armut in der Welt kämpft.Im Allgemeinen mag ich politisiertes Design nicht, aber ich gebe zu, dass ich dem kreativen und vielseitigen Charme von Philippe Starck erliege und ein Auge zudrücke.

Stuhl "Cantilever"

Mart Stam, Ludwig Mies Van Der Rohe, Marcel Breuer.
Thonet-Standard Mobel- Desda
1926-1927

Stam

Mies

Breuer

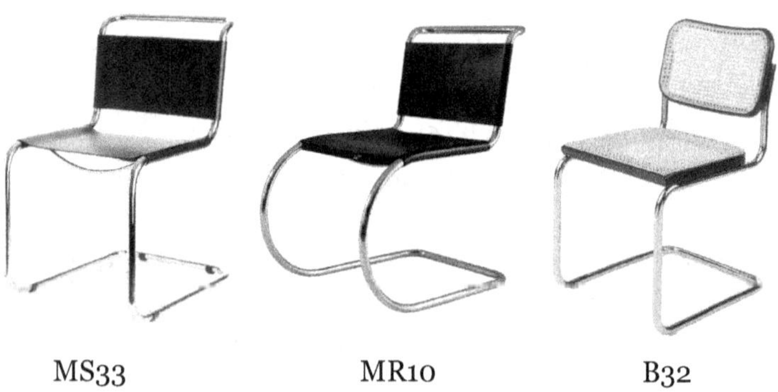

MS33   MR10   B32

Diese außergewöhnliche Sitzgelegenheit, genannt "Frei-schwinger" oder "Cantilever", ist ein wahres Meisterwerk der Ingenieurskunst. Es ist ein Stuhl ohne hintere Beine, ein außergewöhnliches Objekt, das effektiven Komfort bie-tet und denjenigen, die sich darauf niederlassen, das Gefühl vermittelt, als schwebten sie im Nichts.

"Und wer hat sie am Ende erfunden?"

Oft ist es selbst bei den bekanntesten Designprojekten schwierig, eine klare Grenze zwischen der Ursprungsidee und ihrer Umsetzung zu ziehen, insbesondere wenn mehrere Personen eng beteiligt sind.

Dies ist eine äußerst verwickelte und fesselnde Geschichte, die im Geheimnis beginnt, ohne einen klar definierten Ausgangspunkt, mit den ersten Protagonisten manchmal anonym. Die Fakten: 1926 stellte Mart Stam seinen bahnbrechenden "Cantilever"-Stuhl oder "Freischwinger" ohne hintere Beine vor, der als MS 33 bekannt ist und durch eine starre Metallrohrstruktur gekennzeichnet ist. Im folgenden Jahr (1927) präsentierte Ludwig Mies van der Rohe einen elastischeren Stuhl mit seinem eleganten MR 10. 1928 verbesserte Marcel Breuer das Design weiter mit seiner B32, basierend auf dem Erfolg seines berühmten Sessel "B3" mit verchromten Rohren, bekannt als *Wassily*"-Sessel. Das Geheimnis, wer die ursprüngliche Idee für diesen berühmten Stuhl hatte, bleibt ungelöst.

Es treten deutlich vier zentrale Figuren hervor: die erwähnten Architekten Mart Stam, Marcel Breuer und Ludwig Mies van der Rohe. Alle drei kannten sich, da sie mit der berühmten Bauhaus-Schule zusammenarbeiteten, zusammen mit dem vierten Protagonisten dieser Geschichte, Professor Gerhard Stüttgen von der Kunstschule Köln. Dieses Quartett von Visionären trug in einzigartiger Weise dazu bei, dieses außergewöhnliche Projekt zu gestalten.

Der Einsatz von Stahlrohren stellte eine Revolution in der Möbelentwicklung dar und führte zu einem ästhetischen Ansatz, der zuvor nie gesehen wurde. Vor der Einführung der Stahlrohre wurden Metallstrukturen hauptsächlich geschweißt, was sie fragil und schwer machte, und sie waren anfällig für Bruch, wenn sie gebogen wurden. Die Brüder Mannesmann entwickelten 1895 das Kaltziehverfahren, das die Herstellung von Rohren revolutionierte, die widerstandsfähig, leicht und kostengünstig wurden und sich für verschiedene industrielle Anwendungen eigneten. Diese Rohre fanden in verschiedenen Bereichen, einschließlich der Ingenieur- und Automobiltechnik, Anwendung und wurden zunächst in Krankenhäusern eingesetzt, weil sie leicht zu reinigen waren.

Wir betreten den Kern der Geschichte. 1923 präsentierte Gerhard Stüttgen einen kühnen Freischwinger aus Mannesmann-Rohren. Die Idee, einen Stuhlrahmen ohne herkömmliche hintere Beine zu schaffen, entstand während einer Vorlesung über die Bearbeitung gebogener Rohre. Mit einem einfachen Holzbrett fertigte Stüttgen eine mehr oder weniger "S"-förmige Silhouette, die keine herkömmlichen hinteren Beine benötigte. Trotz der Genialität dieses Konzepts erregte seine innovative Besonderheit jedoch nicht die gewünschte Aufmerksamkeit. Der Prototyp, obwohl genial, wurde 1926 zerlegt, ohne dass schriftliche oder bildliche Dokumentationen seine Existenz belegten.

Was wir von Stüttgens Idee ableiten können, ist, dass sie bemerkenswerte Ähnlichkeiten mit dem Hocker "B9" aufweist, den Breuer 1925 für die Mensa des Bauhauses entworfen hatte. Obwohl es sich um einen Hocker und nicht um einen Freischwinger handelte, waren die Biegungen der Rohre denen von Stüttgen erstaunlich ähnlich. Es ist vielleicht gerechtfertigt anzunehmen, dass jemand, oder sogar Stüttgen selbst, von diesem Hocker aus Metallrohren erfahren haben könnte. Dies bleibt jedoch reine Spekulation, ein Versuch, eine Art rationale Kohärenz in das gesamte Geschehen zu bringen.

1926 entwickelte Stam das Konzept des Freischwingers weiter. Sein Ziel war es, einen Stuhl mit einem essenziellen und effizienten Design zu schaffen, eine Art Antwort aus Metallrohren auf den berühmten Thonet-Stuhl Nr. 14, bekannt für seine gebogenen Holzelemente. Im Gegensatz zur Idee elastischer oder flexibler Sitze konzentrierte sich Stam auf die Suche nach einer formalen Harmonie zwischen dem Stuhl und seinem charakteristischen architektonischen Stil. Da das Design des Projekts bemerkenswerte Ähnlichkeiten mit Breuers Hocker aufweist und auch Ähnlichkeiten mit Stüttgens Stuhl zeigt, liegt es nahe zu vermuten, dass Stam sich von diesen Quellen inspirieren ließ.

Um das gewünschte ästhetische Ergebnis zu erzielen, fertigte Stam einen Prototyp mit acht Gasrohren und acht Bogenverbindungen an. Heute können wir diesen Prototyp dank einer Rekonstruktion von 1985 sehen (das Original wurde von Stam selbst in den 1920er Jahren zerlegt). In dieser immer komplexer werdenden Handlung gibt es einen Wendepunkt, der auf objektiven Fakten beruht: den 22. November 1926 im Hotel Marquardt in Stuttgart. Sechzehn Architekten versammelten sich, um die Grundlagen für ein kühnes Projekt zu legen: die Schaffung eines avantgardistischen Wohnviertels bis 1927, eben in Stuttgart. In diesem bedeutenden Kontext traten prominente Persönlichkeiten wie Stam und der bereits berühmte deutsche Architekt Mies van der Rohe auf.

Laut dem Bericht des Architekten Heinz Rasch, der bei der Tafelrunde anwesend war, sagte er, dass Stam irgendwann mit einer schnellen Skizze auf der Rückseite einer Hochzeitseinladung Mies seine kühne Vision darlegte: einen Freischwinger, der die gesamte Serie von ihm zugewiesenen Residenzen möblieren sollte. Es wird angenommen, dass Stam den Prototypen zeichnete, der mit Gasrohren hergestellt wurde, da Mies die starre Struktur bestätigte.

Die Genialität von Stams Projekt erleuchtete Mies, der sein enormes Potenzial erkannte und es mit der Hinzufügung dieses Elements der Elastizität und Eleganz (die gekrümmten Beine) weiter verfeinerte, das dieser Kreation Ruhm verleihen sollte. Es ist wichtig zu betonen, dass Mies nicht einfach Stam emulierte, sondern das Konzept weiter verfeinerte, indem er sich auf die Komponente des Komforts konzentrierte.

Nach dem Treffen mit Stam war Mies tief beeindruckt von der Skizze, wie Sergius Ruegenberg, Mies' Assistent, 1985 bestätigte: *"Mies kehrte im November 1926 aus Stuttgart zurück und erzählte uns von Stams Idee für einen innovativen Stuhl ohne hintere Beine. Wir hatten ein Zeichentablett an der Wand hängen, und Mies zeichnete darauf Stams Stuhl. Er fügte sogar die Verbindungen hinzu und sagte dann: 'Schrecklich, diese Verbindungen sind wirklich hässlich. Wenn man sie nur abrunden würde – so sieht es besser aus', und er zeichnete eine Kurve. Eine einfache Kurve, die seine Hand über Stams Skizze zog, verwandelte den Stuhl in eine neue Kreation!"*. Es ist zu beachten, dass Stam eine echte Abneigung gegen kurvenförmige Formen hatte, was seine Entwicklung des Designs des Stuhls aus Stahlrohren einschränkte und ihm den Zugang zu einer größeren Elastizität, die für das Rohrmaterial geeignet war, verwehrte.

Marcel Breuer, der letzte Protagonist dieser komplexen Geschichte, hatte die Gelegenheit, sowohl Stams als auch Mies' Kreationen während der Ausstellung in Stuttgart 1927 persönlich zu bewundern. Zwei Jahre zuvor, 1925, hatte Breuer jedoch bereits den Hocker "B9" für die Mensa des Bauhauses und 1925 den berühmten "Wassily"-Sessel, den berühmten "Club"-Sessel, der vollständig aus Stahlrohren und schwarzem Leder besteht und vage kubisch geformt ist, entworfen. Schließlich entwarf Breuer ein weiteres Modell, das ursprünglich als "B32" bekannt war und später zu Ehren seiner Adoptivtochter Francesca in "Cesca" umbenannt wurde, wobei der Sitz und die Rückenlehne aus Wiener Geflecht bestanden.

Aufgrund der Ähnlichkeit zwischen dem Design des Stuhls und denen, die zuvor von Van der Rohe und Stam entworfen wurden, musste Breuers B32 mehrere rechtliche Fragen klären. Dieser schwierige Rechtsweg wird in einem Artikel auf der Website des Victoria and Albert Museum in London dokumentiert: *"Als Ergebnis einer komplexen Reihe von Gerichtsverfahren wurde Breuer das Recht verweigert, die B32 als sein eigenes Design zu beanspruchen. Entmutigt durch die rechtlichen Auseinandersetzungen und die Aussicht auf ein Gerichtsverfahren gab Breuer die Idee auf, mit Stahlrohren zu entwerfen. Als das Gericht schließlich 1932 sein Urteil fällte, erhielt Stam das exklusive Recht, alle geraden Freischwinger mit nur zwei Beinen zu produzieren, einschließlich der B32. Stams Name ersetzte daher den von Breuer in den Katalogen von Thonet, der Firma, die die Produktionsrechte erworben hatte."*

Mit Sicherheit können wir sagen, dass die gesamte Entwicklung ihren Ursprung in der Innovation der Mannesmann-Rohre im Jahr 1895 hatte; der Rest ist Vermutung. Zunächst stellte Gerhard Stüttgen, möglicherweise inspiriert durch Breuers Hocker, 1924 ein Konzept für einen Freischwinger vor, basierend auf dem Prinzip der gefederten Sitze von Autos aus den 1920er Jahren.

Im Jahr 1925, möglicherweise nachdem Stam von der Sitzung mit Stüttgen gehört hatte oder wahrscheinlicher, nachdem er von ihr erfahren hatte, entwirft Stam einen ersten Prototyp eines Freischwingerstuhls in noch sehr primitiver Form und fertigt einen Prototypen aus Gasrohren an. Im Jahr 1926 präsentiert Stam während eines Gesprächs mit Ludwig Mies van der Rohe sein Projekt, das Mies meisterhaft überarbeitet und der Idee jene raffinierte Eleganz verleiht, die wir heute alle erkennen. Schließlich entwickelt Breuer im Jahr 1928 sein eigenes Modell eines Freischwingerstuhls, geht jedoch noch weiter und beansprucht stolz die Grundidee, Rohre für Möbel zu verwenden. Es sei darauf hingewiesen, dass diese Rekonstruktion rein hypothetisch ist und auf weitere Entdeckungen wartet, die Licht in einen der kompliziertesten Fälle in der Geschichte des Designs werfen könnten. Heute, fast ein Jahrhundert nach seiner Entstehung, bleibt der Stuhl in einem rätselhaften Zauber darüber, wer der wahre Pionier der innovativen Idee des Freischwingerstuhls war.

Dieses Werk ist zu einer Ikone der modernen Bewegung und ihrer Ideale geworden und hat sich im Laufe der Zeit als eines der beliebtesten und begehrtesten Designobjekte weltweit etabliert.

1927 entwarf Breuer den Hocker B9 für die Mensa des Bauhauses.

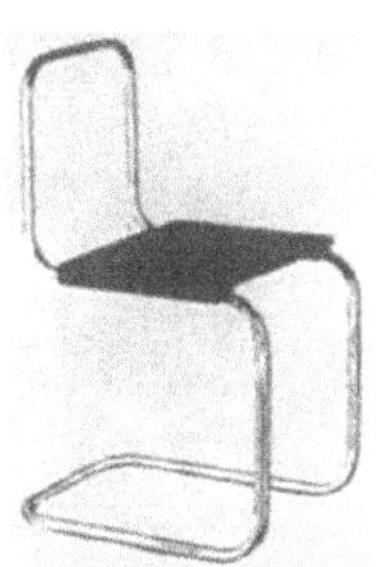

Die Rekonstruktion des Sitzes von Gerhard Stüttgen wurde 1951 durchgeführt.

Der "B3" (Wassily) Stuhl von Breuer.

"Ein Blick in die Zukunft?"

Die industrielle Revolution hat bahnbrechende Designer hervorgebracht und eine Reihe bedeutender Denkbewegungen ins Leben gerufen, die oft stark voneinander abwichen. Von der Arts and Crafts-Bewegung zum Jugendstil, vom Art Deco zur Bauhaus-Schule, vom Streamline-Stil zum Modernismus, von der Ulmer Schule zum skandinavischen Design, von der Pop Art zum Radical Design und zu Memphis – jede Epoche hat Designphilosophien hervorgebracht, die die Bedürfnisse und Werte ihrer Zeit widerspiegelten.

In den letzten zwanzig Jahren haben wir jedoch eine Verdünnung authentischer Inhalte und einen Mangel an originellen Ideen erlebt, wobei das Design oft überschwänglich und übermäßig wird. Dieser Ansatz zielt oft eher darauf ab, die Aufmerksamkeit des Marketings zu erregen, als der eigenen kulturellen Wurzeln treu zu bleiben. Von Mailand über New York bis hin zu Paris und London haben sich Kreationen zunehmend von ihrer wesentlichen Funktionalität entfernt, indem sie riskieren, niemals in das tägliche Leben der Menschen einzutreten und stattdessen in Online-Portalen oder den Händen von uninformierten Influencern zu verbleiben.

Dieses Phänomen hat das Design in ein Form/Fiktion-Binom verwandelt, anstatt Form/Funktion, wobei der Schwerpunkt von der realen Funktionalität auf eine selbstbezogene Ästhetik verschoben wird. Design hat sich somit von einem objektiven Gestaltungsansatz zu einem nahezu virtuellen Element entwickelt. In einer zunehmend komplexen und sich schnell verändernden globalen Umgebung steht das Design vor seiner größten Herausforderung, nämlich Lösungen zu finden, die nicht nur innovativ, sondern auch tiefgreifend bewusst und verantwortungsbewusst sind, um eine bessere Zukunft zu gestalten. Unternehmen, die von ihrem Ziel des wirtschaftlichen Wachstums angetrieben werden, versuchen oft, ihre Märkte zu erweitern, indem sie Strategien übernehmen, die einen höheren und nicht immer notwendigen Konsum fördern können. Designer stehen daher vor der Herausforderung, zwischen kommerziellen Druck und der wachsenden Nachfrage nach Produkten zu navigieren, die gleichzeitig ästhetisch, funktional, nachhaltig und verantwortungsvoll sind. Diese Situation erfordert eine tiefgreifende Neugestaltung des kreativen Prozesses, der nicht nur Innovation, sondern auch ein starkes Engagement für Ethik und Umweltschutz umfassen muss.

Uninformiertes Einkaufen ist ein wachsendes Phänomen in einer Welt, in der der Besitz neuer Gegenstände einen höheren Wert zu haben scheint. Die Logik des Kapitalismus drängt dazu, zu verkaufen anstatt zu reparieren, was dazu führt, dass Gegenstände nur für eine bestimmte Anzahl von Jahren gedacht sind. Dies hat zu einem exponentiellen Wachstum in der Produktion und im Konsum von Gütern geführt, mit drastischen Auswirkungen auf die Umwelt und einer Zunahme von Abfällen.

Es ist nicht nur eine Aufgabe für Designer und Unternehmen. Die Rolle des Endbenutzers ist entscheidend: Der Verbraucher kann mit seinen Kaufentscheidungen einen signifikanten Einfluss auf den Markt ausüben. Maßloses Kaufverhalten und die Tendenz, Produkte zu wählen, die für eine schnelle Überalterung bestimmt sind, stellen erhebliche Hindernisse für echte Nachhaltigkeit dar.

Daher ist es entscheidend, dass auch die Nutzer sich der Bedeutung ihrer Einkäufe bewusster werden, indem sie den Lebenszyklus der Produkte besser verstehen und solche bevorzugen, die umweltbewusste Praktiken fördern, um so zu einer verantwortungsvolleren Realität beizutragen. Aber da die Welt auf das Unbekannte zusteuert, ist es fast unmöglich, die Zukunft des Designs vorherzusagen: Sicher ist nur, dass das Design so wandelbar ist wie unsere Gesellschaft selbst.

Seine Zukunft ist nichts anderes als das, was wir sein werden.

Hocker **"The End"**
Maurizio Cattelan e Pierpaolo Ferrari
2014 GUFRAM

BIBLIOGRAFIA

AUTORE	TITOLO	EDITORE
Giulio Iacchetti,	20 oggetti a reazione poetica	Editrice Compositori
Paola Antonelli,	Achille Castiglioni	Corraini Edizioni
Frida Doveil	Aldo Cibic	Abitare Segesta
Beppe Finessi	Alessandro Mendini	Corraini Edizioni
Roberto Borghi	Andrea Branzi. Oggetti e territori	Silvana editoriale
Beppe Finessi	Angelo Mangiarotti: Scolpire/Costruire	Corraini Edizioni
Claudia Donà	Anna Castelli Ferrieri. Architecture and	FAAR Foundation
anty pansera	antonia campi	Silvana Editoriale
Anty Pansera	Antonia Campi. Creatività, forma e	Silvana editoriale
Antonio Citterio and	Antonio Citterio	Antonio Citterio and
Alba Cappellieri	Antonio Citterio. Architettura e design	Skira
Grande Valentina	Bauhaus.L'idea che cambiò il mondo.	Centauria
Beppe Finessi	Bruno Munari	Silvana editoriale
branzi andrea	capire il design	Giunti
Pasca Vanni	Christopher Dresser	Lupetti
Whiteway michael	Christopher Dresser 1834-1904	Skira
bruno munari	da cosa nasce cosa	Editori Laterza
Hohne Gunter	ddr design	Komet
trabucco francesco	design	Bollati
Bassi alberto	design	Il Mulino
Alessi Alberto	design anonimo in italia	Mondadori
godau marian	design germania	Rizzoli
Stefano Casciani	Design in Italia 1950-90	Politi Editore
Achille Castiglioni	Design Interview: Achille Castiglioni	Corraini, Museo
Ettore Sottsass	Design Interview: Ettore Sottsass	Corraini, Museo
Richard Sapper	Design Interview: Richard Sapper	Corraini, Museo
neumann claudia	design italia	Rizzoli
renato minetto	design italiano nei musei del mondo	Sacs
branzi/de lucchi	design italliano degli anni 50	RDE
Bassi alberto	design Ontemporaneo	Il Mulino
Giannin Anna Maria	Design Percezione visiva e cognizione	Giunti
Alessi chiara	design senza designer	Edizioni Laterza
Martinuz Martino	Design Tecnologia	Lettera 22
gentil enzo biffi	design una storia italiana	Meet Design
Corrado Maurizio	Design. Una storia sbagliata	Armillaria
caffarelli Michele	Didesign. Ovvero niente.	Espresso Edizioni
Maldonado Tomás	Disegno industriale un riesame	Feltrinelli
Pasca Vanni	Dresser il primo industrial designer	Lupetti
fuad-luke alastair	eco design	Logos
Norman Donald	Emotionl Design	Apogeo
Beatrice Mascellani	Ettore Sottsass: vorrei sapere perché	Electa
yudina anna	furni tecture	L'Ippocampo
Daniel Kelly	gino sarfatti il design della luce	Triennale Milano
Laura Falconi	Gio Ponti. Interni, oggetti, disegni 1920-	Electa
hohenegger alfred	graphic design	Romana Libri
Vari	Ho visto cose...	Bur
Rashid Karim	I Want to Change the World Book Case	Edizione speciale
Mancini Giovanna	Icone. Mito storie e personaggi	Luiss
Bassi alberto	Il design anonimo in Italia	Electa

Scodeller Dario	Il design dei Castiglioni	Corraini Edizioni
sarfatti gino	il design della luce	Triennale Milano
Novembre Fabio	Il Design spiegato a mia madre	Rizzoli
Bellini Mario	Il design spiegato ai bambini	Bompiani
gregotti vittorio	il disegno del prodotto industriale	Electa
dario russo	il lato oscuro del design	Lupetti
Bramston David	Il linguaggio dei prodotti	Zanichelli
sudjic deyan	il linguaggio delle cose	Editori Laterza
polato pietro	il modello del design	Hoepli
Giampiero Bosoni	Il Modo Italiano. Design e avanguardia nel	Skira
lakshmi bhaskaram	il tempo del design	Logos
heskett john	industrial design	Rusconi
dorfles gillo	Introduzione al disegno industriale	Einaudi
Dorfles Gillo	Kitsch: The World of Bad Taste	Mazzotta
donald norman	la caffettiera del masochista	Giunti
arnaboldi mario	la disciplina del progetto	Clup
Alessi Alberto	La Fabbrica dei sogni	Rizzoli
Castelli Giulio	La Fabbrica del design	Skira
triennale	la lingua degli specchi	Electa
shijders c.j.	la sezione aurea	Franco Muzzio
dardi domitila	lampade	Motta Architettura
masini lara/vinca	l'arte del novecento	Giunti
Alessi chiara	le caffettiere dei miei bisnonni	Utet
gramigna giuliana	le fabbriche del design	Umberto Allemandi
d ascanio corradino	le macchine volanti	Giorgetti
cecchini cecilia	le parole del design	List
Dario Scodeller	Livio e Piero Castiglioni. Il progetto della	Electa
bonami francesco	lo potevo fare anch'io	Mondadori
wilhide elizabeth	luci d'arredo	Logos
Decelle Philippe	L'Utopie du Tout Plastique 1960-1973	Fondation pour
Francesco Zurlo	Makio Hasuike	Abitare Segesta
Cinzia Ferrara	Marc Newson. Design tra organicità e	Lupetti
Aldo Colonnetti	Massimo Iosa Ghini. Da designer ad	Editrice Compositori
vari vari	materials matters v	Material Connection
Fiorella Bulegato,	Michele De Lucchi. Comincia qui e finisce là	Electa
Boym Constantin	New Russian Design	Rizzoli
De Fusco Renato	Parodie del Design	Umberto Allemandi
kanizska legrenzi	percezione,linguaggio,pensiero	Il Mulino
Beppe Finessi	Pio Manzù. Quando il mondo era moderno	Electa
Lidwell William	Principi universali di design	Logos
thompson rob	product and furniture design	Thames & Hudson
Bonetto Marco	Rodolfo Bonetto Industrial Designer	Fondazione Manzoni
Alba Cappellieri	Ron Arad	Mondadori Arte
Lovegrove Ross	Ross Lovegrove	Sieveking
bertolino giorgina	saper vedere i movimenti artistici	Mondadori
Ghidelli Giacomo	Senza titoli nella storia del design	Libraccio Editore
Cristina Morozzi	Stefano Giovannoni	Mondadori Arte
de fusco renato	storia del design	Editori Laterza
d'amato gabriella	Storia del Design	Mondadori
Alessi alberto	the dream factory	Zuffi

Autor

"Schon seit meiner Kindheit wurde ich von einer tiefen Neugier und dem Wunsch angetrieben, mit meinen eigenen Händen zu erschaffen, was mir fehlte. Dieses Verlangen hat nicht nur meinen Entwicklungsweg genährt, sondern mich auch dazu angespornt, das zu erschaffen, was noch nicht existiert, und mich auf den Weg zu neuen, kühnen Entdeckungen in der unglaublichen Welt der Objekte geführt."

 matteobianchi.it

 #matteobianchi.it

Danksagungen

Dieses Buch wurde durch einen inspirierenden Moment ins Leben gerufen, den ich mit meiner Tochter Marta geteilt habe. An einem dieser Abende, die sich in mein Gedächtnis eingebrannt haben, erleuchtete sie mich mit diesen Worten:

"Papa, die Geschichten, die du erzählst, sind sehr schön; du solltest sie aufschreiben, genau so, wie du sie mir erzählt hast."

Diese Funken waren der Beginn dieses Buches.

Aber es hätte nicht fertiggestellt werden können ohne die unendliche Geduld und unerschütterliche Unterstützung meiner Frau Erika, deren Vertrauen Momente der Unsicherheit in Wachstumschancen verwandelte.

Wenn Sie während der Lektüre dieses Buches
Fehler oder Ungenauigkeiten feststellen, wäre ich
Ihnen dankbar, wenn Sie diese freundlicherweise
melden würden. Ihre Anmerkungen sind wertvoll,
um die Qualität des Textes zu verbessern.
Vielen Dank im Voraus für Ihre Mitarbeit.

oggettario@gmail.com